中国学前教育研究会"十四五"滚动研究课题"基于中华优秀传统文化的幼儿园美育
重庆市教育学会第十一届(2024-2026年)基础教育科研重点课题"传统文化视域下幼儿园身

文脉传承

传统文化班本课程汇编

宋月 主编

重庆出版社

图书在版编目（CIP）数据

文脉传承：传统文化班本课程汇编 / 宋月主编．
重庆：重庆出版社，2025. 5. -- ISBN 978-7-229
-20247-7

Ⅰ．G613

中国国家版本馆CIP数据核字第2025JE8897号

文脉传承——传统文化班本课程汇编
WENMAI CHUANCHENG CHUANTONG WENHUA BAN BEN KECHENG HUIBIAN

宋　月　主编

责任编辑：黄贵英
责任校对：刘　刚
装帧设计：秦钰林　刘　冰

重庆出版社 出版

重庆出版社职教分社出品
重庆市南岸区南滨路162号1幢　邮政编码：400061　http://www.cqph.com
重庆市开源印务有限公司印制
重庆出版社有限责任公司至行传媒分公司发行
E-MAIL: cqphzjfs@163.com　联系电话：023-61520630
全国新华书店经销

开本：889 mm×1194 mm　1/16　印张：19　字数：420千
2025年6月第1版　2025年6月第1次印刷
ISBN 978-7-229-20247-7
定价：66.00元

如有印装质量问题，请向本社至行传媒分公司调换：023-61520629

版权所有　侵权必究

主　编

宋　月

编　委

向　琴	高昕宇	简　宇	张　娇	罗佳欣	曾易琼
朱　霜	李沁忆	冉　黎	陈　颖	黄春艳	周恩宇
戴　丽	彭　婷	赵　璐	杜　娟	杨　晗	彭桂芳
王　玉	孙　偲	叶连花	周　敏	冉建娇	苏涵曦
徐海岚	郝芳艳	朱小燕	龙荟羽	苟荣誉	周光露
甘　芳	程家佳	唐玉婷

序 I

文脉赓续，童心传薪

文化是一个国家和民族的灵魂，文化兴国运兴，文化强民族强。站在全球化与数智化交融的历史节点，中国学生发展核心素养要根植于中华民族的文化土壤，应具备能够适应终身学习型社会发展需要的文化基础。党的二十大报告明确提出，推进文化自信自强，铸就社会主义文化新辉煌。中华优秀传统文化既是民族智慧的结晶和民族精神之根，也是我国经济繁荣与民族复兴的文化主体之源，更是我国新时代文化自信之根。教育部印发的《完善中华优秀传统文化教育指导纲要》明确提出，开展启蒙教育，培养学生热爱中华优秀传统文化的感情。学前教育作为儿童文化传承与创新发展的起点，是落实立德树人根本任务与奠定文化自信的基础工程，承载着培根铸魂、启智润心的使命，旨在儿童幼年时期播下优秀传统文化的种子，启迪幼儿的心智和朴素的道德情感，帮助幼儿更好地形成自我意识、发展个性和体验生命，以增进民族文化认同感。

中华优秀传统文化是幼儿园课程内容的重要源泉，是实施民族文化启蒙教育并培育幼儿民族精神的重要根基。重庆市九龙坡区实验幼儿园教育集团自2003年起开始探索传统文化教育与幼儿园课程的关系，以落实立德树人为根本任务，秉承"五彩之美"的园本教育理念，始终坚持以美育为突破口，以涵养儿童的人文情怀为结合点，将中华优秀传统文化的"真善美"与巴渝特色文化融入幼儿园课程，以班本课程形式植入学前启蒙教育中，引导幼儿树立文化自信，培育美好心灵，为未来美好生活做准备。在此基础上，研究团队将传统文化与现代科技、社会热点等结合，并融入班本课程进行实践探索，充分发挥"文化＋班本课程"的育人功能，建构了内容丰富、形象生动、情境创新的模块化生态课程体系，形成了集学术理论研究与教育实践课例于一体的学前教育课程改革成果——《文脉传承——传统文化班本课程汇编》。这为幼儿园探索"文化＋教育"的融合发展提供了切实可行的路径。

优秀传统文化为幼儿园班本课程提供了基本的实践场域和重要内容，为儿童成为具有深厚文化底蕴、能够担当民族复兴大任的时代新人奠定重要基石。《文脉传承——传统文化班本课程汇编》基于儿童立场，追随幼儿的兴趣，通过班本课程促进幼儿与文化、自然、生活、社会的交互，形成了"环境浸润—游戏体验—生活渗透—家园协同"的文化育人模式，为幼儿园开展中华优秀传统文化教育提供了科学规范的行动指南。它以传统文化关照幼儿园课程建设，以幼儿的生活为逻辑起点，以培育幼儿的文化意识、文化思维和文化信念为切入点，是中华优秀传统文化"走进校园""走进课堂"与"走进儿童世界"交互的课程文化结晶。这部凝聚着一线幼教工作者智慧的班本课程实践指南，以滋养幼儿精神血脉、塑造有文化自信的中国人为目标，以幼儿园教育为平台，以班本课程为载体，以"一训、二定、三研、四探、五动、六评"为课程逻辑主线，遵循教育性与趣味性、实践性与体验性、系统性与递进性相结合的模块化课程设计原则，内容涵盖"诗文经典、节庆风俗、传统饮食、美德礼仪、传统游戏、民间技艺、民间艺术"七大主题课程模块，每一课程模块涵盖主题说明、主题目标、主题内容及课例，并通过整合化、生活化、游戏化的典型课例设计与实施，巧妙地将中华优秀传统文化融入幼儿的日常生活与学习情境，引导幼儿通过协作与会话实现对中华文化的意义建构并树立文化自信，实现了中华优秀传统文化的创造性转化，为新时代的文化传承提供了可资借鉴的幼儿教育范式。

该成果突破了传统文化教育的简单移植模式，坚持情境化、游戏化和生活化的学前教育理念，构建起基于儿童认知特点和生活经验的文化浸润体系，实现了文化传承与儿童发展的有机统一。在时代语境下，重庆市九龙坡区实验幼儿园教育集团以落实国家《"十四五"非物质文化遗产保护规划》为指向，立足幼儿身心全面发展需要，以绚丽多彩的中华优秀传统文化与巴渝本土文化为载体，幼儿园教师以文化学视角解析传统元素的核心价值，将幼儿感兴趣的传统文化资源转化为班本课程资源，每个典型课例以"课程缘起—课程实施—课程感悟"为主线，采用项目化设计与任务探究相结合的方式，激发幼儿以自己的方式去观察与理解外界事物、表现和创造，为幼儿提供了丰富的情感体验与创造力发展空间。如，中班"节庆风俗"主题课程中，教师通过活动前给幼儿讲述"年"的故事来激发其兴趣，同时还原春节习俗的真实活动场景，引导幼儿自由选择并参与包饺子、贴春联、猜灯谜等多样化趣味活动，亲身体验传统文化魅力，深化学习效果。同时，以任务为驱动，教师精心设计了民间技艺、传统游戏等具有综合性、弥散性和浸润性的项目化课程活动，为幼儿创设沉浸式的具身感知与体验情境，引导幼儿在剪纸、皮影等手工艺制作的过程中亲身体验工匠精神，在跳房子、踢毽子等传统游戏中促进其肢体协调能力、想象力、审美能力和创造力发展，促进非遗文化在童心中生根发芽，实现了从静态保护到活态传承与创新的转变。

该书立足于新时代学前教育改革发展的现实需求，以"中华优秀传统文化润泽幸福童年"为教育愿景，以培养具有仁爱共济、诚实守信、正心笃志、崇德弘毅、贵和尚中精神的完整儿童为指向，以儿童的需要与兴趣发展为中心，研发了系统的传统文化课程资源库，形成了融学术理性探究与情感文化体验为一体的特色班本课程，将中华优秀传统文化有机融入幼儿园一日生活，构建了"情境—体验—创造"三位一体教学模式，文化传承的种子在儿童的童真童趣中自然萌发，产生了显著的教育效果。幼儿园家长们普遍反馈，幼儿不仅主动与家人分享传统文化故事，运用学会的礼仪知识指正他人的不当言行，还能够十分热情地教父母、朋友玩传统游戏等。这充分反映了立足本土、面向未来的"传统文化＋班本课程"对幼儿品德启蒙和亲社会行为养成产生了积极影响，同时也凸显出九龙坡区实验幼儿园教师团队对中华优秀传统文化"创造性转化、创新性发展"理念的全面贯彻落实，展现出学前教育工作者在文化传承中的专业智慧。

展望未来，数智化转型为优秀传统文化融入学前教育提供了新的机遇。随着《中华人民共和国学前教育法》的颁布实施与《关于实施中华优秀传统文化传承发展工程的意见》的深入推进，幼儿园继续秉持融合、发展的课程建设理念，以人工智能赋能传统文化创新，构建虚实融合的学前教育传统文化课程体系；同时，打造"符号记忆＋场景化"的沉浸式传统文化学习场景，为培养具有文化底蕴、国际视野和创新精神的新时代儿童贡献力量，让五千年文明薪火在幼小心灵中生根发芽，绽放出时代光彩！

2025 年暮春　重庆师范大学三春湖畔

序 II

文脉根植　传承致远

中华传统文化源远流长，是中华民族的精神支柱与力量源泉，博大而精深。在幼儿园开展文脉传承的班本课程，是对中华优秀传统文化的一种传承和弘扬，有助于培养幼儿的民族认同感和文化自信心。

传承一种精神，获得厚重的滋养。幼儿园通过专门的传统文化班本课程研究，将中华优秀传统文化的精髓融入其中，让幼儿在欣赏和学习中感受中华文化的博大精深。

传承一种手工艺，探究多样的技能。传统手工艺是中华文化的重要组成部分，幼儿园通过课程中的各种动手实践，让幼儿更加直观地了解和体验传统文化的魅力，发展幼儿的动手能力和创造力。

传承一种生活习俗，感受丰富的体验。传统生活习俗反映了中华民族的生活方式和价值观念，是中华文化的重要组成部分。幼儿园通过关于生活习俗班本课程的开展，让幼儿了解和体验传统的生活习俗和文化氛围，在日常生活中养成良好的传统习惯。

传承一种游戏，享受和谐的亲子陪伴。家庭是文脉传承的重要场所。幼儿园积极与家长合作，开展家园共育传统文化教育活动，让家长了解和支持幼儿的传统文化体验，让文脉传承在家庭中得到延续和发展。

文脉传承，不仅仅是文化的传递，更是精神的延续。在浩瀚的历史长河中，它形成一种无形的力量，穿越时空，跨越地域，将人类文明的点滴汇聚成璀璨的星河。这股力量承载着智慧、情感与精神的血脉，流淌在每一片土地上，滋养着代代华夏儿女的心田，滋养着儿童的幸福童年！

重庆市九龙坡区实验幼儿园教育集团　宋月

写于 2024 年 12 月

目 录

序 I		1
序 II		1
第一章	对传统文化班本课程的理性思考	1
	第一节 实践背景	2
	第二节 理论基础	5
	第三节 实践意义	9
	第四节 开发价值	10
	第五节 主题设计	12
	第六节 实施路径	15
第二章	诗文经典	19
	诗文经典	20
	中班班本课程：藏在唐诗里的童趣	21
	大班班本课程：姓氏大揭秘	30
	大班班本课程：与"字"相遇	40
第三章	节庆风俗	49
	节庆风俗	50
	中班班本课程：龙年说"龙"	51
	大班班本课程：秋意浓情 节气韵味	59
第四章	传统饮食	75
	传统饮食	76
	中班班本课程：好吃的面食	77
	大班班本课程：酒香沁人脾	84

第五章　美德礼仪 ········· 95

美德礼仪 ········· 96
中班班本课程：小筷子　大世界 ········· 97
中班班本课程："食"之有礼 ········· 105
大班班本课程：以礼至诚　待人至真 ········· 113
大班班本课程：中华孝亲之礼 ········· 121

第六章　传统游戏 ········· 129

传统游戏 ········· 130
中班班本课程：趣探小陀螺 ········· 131
中班班本课程：小空竹　大乐趣 ········· 139
大班班本课程：民间游戏韵　童谣声声传 ········· 144

第七章　民间技艺 ········· 157

民间技艺 ········· 158
中班班本课程：造纸社的故事 ········· 159
中班班本课程：香之旅——马赛克方法指导下的班本课程 ········· 171
中班班本课程：陶陶的世界 ········· 180
中班班本课程：小小"丝"旅家 ········· 192
大班班本课程：神奇的中草药 ········· 201
大班班本课程：探秘编织 ········· 210

第八章　民间艺术 ········· 219

民间艺术 ········· 220
小班班本课程："灯"彩童趣 ········· 221
中班班本课程：鼓声响咚咚 ········· 230
大班班本课程：翰墨丹青润童心 ········· 243
大班班本课程：我是川剧小达人 ········· 255

第九章　传统文化班本课程作品欣赏 ········· 261

诗礼润心 ········· 262
食韵遗香 ········· 267
雅俗流芳 ········· 270
匠心载道 ········· 280

后　记 ········· 291

第一章

对传统文化班本课程的理性思考

第一节 实践背景

一、时代之唤：传承与弘扬中华优秀传统文化，成为班本课程开发的亮点

中华优秀传统文化是中华民族思想文化的结晶，具有内涵深刻、历史悠久的特点，重视追求真、善、美等优秀品格。

党的十八大以来，以习近平同志为核心的党中央高度重视中华优秀传统文化的保护、传承与发展，将中华优秀传统文化推向了国家战略资源的高度，指出中华优秀传统文化是实现中华民族伟大复兴和中国梦的决定性力量。[1]学校教育是传播优秀传统文化的主渠道。教育部2014年发布的《完善中华优秀传统文化教育指导纲要》提出，"开展启蒙教育，培养学生热爱中华优秀传统文化的感情"。[2]2017年1月25日，中共中央办公厅、国务院办公厅印发的《关于实施中华优秀传统文化传承发展工程的意见》指出，"围绕立德树人根本任务，遵循学生认知规律和教育教学规律，按照一体化、分学段、有序推进的原则，把中华优秀传统文化全方位融入思想道德教育、文化知识教育、艺术体育教育、社会实践教育各环节，贯穿于启蒙教育、基础教育、职业教育、高等教育、继续教育各领域"。[3]2021年教育部印发《中华优秀传统文化进中小学课程教材指南》，其中明确提出小学阶段应"以培育学生对中华优秀传统文化的亲切感和感受力为重点""使学生初步了解中华优秀传统文化的源远流长、丰富多彩"。[4]

可见，传承和弘扬中华优秀传统文化是新时代教育的历史使命，也是新时代学前教育发展的亮点。将优秀传统文化融入幼儿园课程，以班本课程的形式植入学前阶段的启蒙教育中，浇灌到幼儿的内心深处，发挥"文化＋班本课程"的价值，能最大化地实现班本课程的育人效用。

二、政策之向：大美育课程观的科学推进，成为班本课程开发的支点

"美育"是审美教育，是"全面育人"的教育。从系统整合角度来定义美育，有人认为"美育是有目的、有计划、有组织地通过各种美的事物，培养学生的审美欣赏、审美表现、审美创造的能力，同时促进他们德、智、体、美、劳等素质全面和谐发展的教育。"[5]幼儿的美育是指对幼儿实施的审美教育，即通过自然美、社会美和艺术美等各种美的形态，培养幼儿健康的审美观念和初步的感受美、欣赏美、表现美、创造美的能力，并由此促进幼儿美感发展的教育。[6]

2015年9月15日，国务院办公厅印发《关于全面加强和改进学校美育工作的意见》，指出"美育是审美教育，也是情操教育和心灵教育，不仅能提升人的审美素养，还能潜移默化地影响人的思想情感、气质、

趣味和人的胸怀，激励人的精神，温润人的心灵。"[7]2020年10月，中共中央办公厅、国务院办公厅印发《关于全面加强和改进新时代学校美育工作的意见》，以提高学生审美和人文素养为目标，弘扬中华美育精神，以美育人、以美化人、以美培元，把美育纳入各级各类学校人才培养全过程，同时指出要"强化学校美育育人功能"，强调中华优秀传统文化、革命文化、社会主义先进文化的美育价值，强调课程的合理设置以及科学的学科融合理念。[8]2023年12月，教育部颁发的《教育部关于全面实施学校美育浸润行动的通知》中指出，"以习近平新时代中国特色社会主义思想为指导，全面贯彻党的教育方针，落实立德树人根本任务，大力发展素质教育，以社会主义核心价值观为引领，弘扬中华美育精神，坚定文化自信，以浸润作为美育工作的目标和路径，将美育融入教育教学活动各环节，潜移默化地彰显育人实效，实现提升审美素养、陶冶情操、温润心灵、激发创新创造活力的功能，培养德智体美劳全面发展的社会主义建设者和接班人"。[9]

美育不只是艺术教育，它具有广泛的渗透性、覆盖性，内容是"各种美的事物"。以美育为突破口，以美为结构点，把幼儿园各项教育活动变成美的追求、美的欣赏、美的表现、美的创造的活动，让幼儿成为德、智、体、美、劳全面和谐发展的人，实现幼儿园教育多方面因素的整体优化，成为学前教育发展的新切入点，也与幼儿园班本课程开发的教育价值追求不谋而合。幼儿园进行传统文化班本课程开发与美育提倡的文化美、社会美、艺术美、科学美等追求相契合；以往的"小美育课程观"也正逐渐向开放融合的"大美育课程观"转变，形成"主客一元"的融合美育课程观。这些，都成为班本课程开发的支点。

三、课程之求：班本课程开发与实施，成为园本课程建设的拓展点

《3—6岁儿童学习与发展指南》明确指出："要珍视游戏和生活的独特价值，创设丰富的教育环境，最大限度地支持和满足幼儿通过直接感知、实际操作和亲身体验获取经验的需要"。[10]班本课程最鲜明的特色，是幼儿的自主参与和主动探究。在班本课程实践过程中，幼儿不再只是知识的接受者，而是变成了积极的探索者和知识的构建者。他们会自发地提出问题并大胆地追寻答案，与同伴携手合作，共同面对挑战。

幼儿园基于儿童立场的班本课程探索，是对幼儿生活、游戏的重新审视，是对"幼儿在心、课程随行"理念的真正实践。立足幼儿发展需要，追随幼儿兴趣点，将幼儿与文化、自然、生活、社会联结的班本课程相联结，能真正唤醒幼儿寻求发展的自我意识和内在动力，有效激发课程的生命力，是适宜幼儿发展的名副其实的动态课程，也是幼儿园园本课程建设的拓展点。

四、实践之需：课题研究的开展，成为班本课程开发的推进点

《3—6岁儿童学习与发展指南》提出，幼儿园应"充分创造条件和机会，在大自然和社会文化生活中萌发幼儿对美的感受和体验，丰富其想象力和创造力，引导幼儿学会用心灵去感受和发现美，用自己的方式去表现和创造美"。[11]美育能让幼儿在学前期就形成善于观察外界事物、感受自然美和社会美的能力，让幼儿懂得如何去关爱他人、理解他人，养成积极向上、热爱祖国等美好品质。

自2015年以来，九龙坡区实验幼儿园在美育实践探索中不断前行，开展创造性美术的实践研究，开展艺术课程探索与实践活动，开发与实施园本特色课程等，取得了丰硕的美育实践成果。然而，园本美育课程的未来何去何从？关注的焦点又该如何自然且自如地切换？一直以来，实验幼儿园坚持弘扬中华优秀传统文化，然而只是单一、片面化地输出，缺乏整体性、全面性以及层次性，美育价值挖掘不充分。

2023年1月，实验幼儿园申报的中国学前教育研究会"十四五"滚动研究课题"基于中华优秀传统文化的幼儿园美育课程建构与实践研究"成功立项，为幼儿园美育课程建设找到了方向。幼儿园立足实际，结合园所文化背景，将中华优秀传统文化融入美育课程，旨在建立一个初步的、整体的、可发展的、融合文化的幼儿园美育课程体系，找寻园本美育课程开发与实施的新延伸点，丰富园本课程建设成果。在建设融合中华优秀传统文化的美育课程体系的过程中，通过实践研究，幼儿园开展了涵盖七大主题的、文化味浓厚的班本课程，包含诗文经典、节庆风俗、传统饮食、美德礼仪、传统游戏、民间技艺、民间艺术。幼儿园以班本课程的形式，开发与实施美育课程内容，有利于融入中华优秀传统文化的美育课程体系的成功构建。

参考文献

[1] 周燕.传统文化、学前教育与教师使命[J].学前教育研究,2021(9):5.

[2] 霍力岩,龙正渝,高宏钰.幼儿教育传承中华优秀传统文化的基本成效、现实挑战与对策建议[J].中国教育学刊,2022(5):74.

[3] 中共中央办公厅,国务院办公厅.关于实施中华优秀传统文化传承发展工程的意见[EB/OL].(2017-01-25)[2023-10-08].https://www.gov.cn/zhengce/2017-01/25/content_5163472.htm.

[4] 中华人民共和国教育部.中华优秀传统文化进中小学课程教材指南[EB/OL].(2021-02-05)[2023-05-12].http://www.gov.cn/zhengce/zhengceku/2021-02/05/content_5585136.htm.

[5] 刘云艳.幼儿园大美育系统论[M].重庆：西南师范大学出版社,2000(7):69.

[6] 张俊春.幼儿园美育的方法研究[J].课程教育研究,2017(36):209.

[7] 国务院办公厅.关于全面加强和改进学校美育工作的意见：国办发〔2015〕71号[EB/OL].(2015-09-28)[2023-10-08].https://www.gov.cn/zhengce/content / 2015-09/28/content_10196.htm.

[8] 中共中央办公厅，国务院办公厅.关于全面加强和改进新时代学校美育工作的意见[EB/OL].(2020-10-15)[2023-10-08]. https: //www.gov.cn /zhengce/ 2020-10/15 /content_5551609.htm.

[9] 中华人民共和国教育部.教育部关于全面实施学校美育浸润行动的通知：教体艺〔2023〕5号[EB/OL].[2024-01-23]https:// www.gov.cn/zhengce/zhengceku/202401/content_6924205.htm.

[10] 王炜.高质量推进班本课程的思考与实践：以小班班本课程"阳光小屋"为例[J].课程与教学，2006(6):46.

[11] 中华人民共和国教育部.3～6岁儿童学习与发展指南[M].北京：首都师范大学出版社，2012.

第二节　理论基础

一、文化教育学

以狄尔泰、斯普朗格、利特为代表的文化教育学学派认为教育与文化有千丝万缕的联系。人是一种文化的存在，教育的过程就是文化的过程，要用文化的方式开展教育研究，促使社会历史的客观文化转变为个体的主观文化，个体的主观文化又深刻反映社会文化，两者相互融合，以培养完整的人格。[1]

二、社会文化历史理论

维果茨基认为人的高级心理机能是在与周围人的交往过程中产生与发展起来的，受人类的历史文化发展所制约。社会文化历史在人的发展过程中具有重要作用，尤其是活动和社会交往在人的高级心理机能中处于突出地位，幼儿通过外部活动不断内化，在低级的心理机能的基础上形成新的心理机能。[2]

三、杜威的美育思想

杜威是20世纪美国著名的哲学家和教育家，其"儿童中心论""活动中心论""教育即生活""学校即社会"等思想在教育领域早已为国人所熟知。他的美学著作《艺术即经验》，围绕"艺术""经验""生活"等进行了深入的思考，集中阐释了自己的美学理念，认为"审美即经验"。[3]这些富有前瞻性的美学理念对于幼儿艺术教育有很大启迪。

四、陈鹤琴的美育思想

陈鹤琴认为，幼儿美育可以陶冶幼儿的情操，启迪幼儿的审美感，发展幼儿的欣赏力，培养幼儿的创造力；同时幼儿美育也是幼儿表情达意和陶冶情操的最好工具。陈鹤琴提出了美育的快乐原则、整个教学法原则、美育生活化原则、美育本土化原则，以及重视审美环境的创设、重视幼儿艺术兴趣的激发、重视幼儿审美能力的培养等幼儿美育方法。[4]

五、蔡元培的五育并举思想

根据塑造全面人格的要求，蔡元培提出民国的教育方针：军国民教育、实利主义教育、公民道德教育、世界观教育、美感教育。他说："五者，皆今日之教育所不可偏废者也。"他认为，这五育各有独特的功能，但又是一个统一的和谐整体，缺一不可、不可偏废。[5]蔡元培的五育并举教育思想突破了中国近代社会"中体西用"的人才培养模式，是中国近代教育史上第一个充分体现社会价值与人的发展价值相统一，追求人的自由、和谐发展的教育思想。

六、蔡元培的美育思想

蔡元培指出："美育者，应用美学理论于教育，以陶养感情为目的者也。""人人都有感情，而并非都有伟大而高尚的行为，这是由于感情推动力的薄弱。要转弱而为强，转薄而为厚，有待于陶养。陶养的工具，为美的对象，陶养的作用，叫作美育。"[6]他认为美育可以激发人们心灵深处潜在的情感，进而激荡起灵魂的触动，而对美的不断追求，可以对人的思想起到陶养的作用。

七、陶行知的生活教育思想

陶行知的生活教育思想以"生活"范畴为基本逻辑起点，提出了"生活即教育""社会即学校""教学做合一"三大教育思想原理。[7]这三个观点以生活为基础，全面解释了生活教育的内容、目的、方式及教育领域的时空等，形成了一个完整的教育思想体系。

八、《幼儿园教育指导纲要（试行）》

《幼儿园教育指导纲要（试行）》指出，幼儿园"需要充分利用社会资源，引导幼儿实际感受祖国文化的丰富与优秀，感受家乡的变化和发展，激发幼儿爱家乡、爱祖国的情感"。[8]

九、《3—6岁儿童学习与发展指南》

《3—6岁儿童学习与发展指南》提出，幼儿园应"充分创造条件和机会，在大自然和社会文化生活中萌发幼儿对美的感受和体验，丰富其想象力和创造力，引导幼儿学会用心灵去感受和发现美，用自己的方式去表现和创造美"。[9]

十、中国学生发展核心素养

中国学生发展核心素养主要是指学生应该具备的，能够适应终身发展和社会发展需要的必备品格和关键能力，主要表现为文化基础、自主发展和社会参与三个维度，其中文化基础包含人文积淀、人文情怀、审美情趣三方面。人文积淀是指具有古今中外人文领域基本知识和成果的积累，能理解和掌握人文思想中所蕴含的认识方法和实践方法等。人文情怀是指具有以人为本的意识，尊重、维护人的尊严和价值；能关切人的生存、发展和幸福等。审美情趣是指具有艺术知识、技能与方法的积累；能理解和尊重文化艺术的多样性，具有发现、感知、欣赏、评价美的意识和基本能力；具有健康的审美价值取向；具有艺术表达和创意表现的兴趣和意识，能在生活中拓展和升华美等。[10]

中国学生发展核心素养的基本原则之一是强化民族性，即着重强调中华优秀传统文化的传承与发展，把核心素养研究根植于中华民族的文化历史土壤，系统落实社会主义核心价值观的基本要求，突出强调社会责任和国家认同，充分体现民族特点，确保立足中国国情、具有中国特色。[11]

十一、建构主义学习理论

建构主义学习理论认为，知识不是通过教师传授得到的，而是学习者在一定的情境即社会文化背景下，借助他人的帮助，利用必要的学习资料，通过意义建构的方式所获得的。[12] "情境""协作""会话"和"意义建构"是学习环境中的四大要素或四大属性。建构主义学习理论强调"情境"对知识建构的重要作用，强调协作学习，强调利用各种信息资源来支持学习。[13]

十二、多元智力理论

加德纳把"智力"定义为"解决有文化价值的问题，创造有价值文化的能力"，他列举了八种智力元素：语言智力、逻辑数学智力、音乐智力、身体运动智力、空间智力、人际关系智力（理解他者能力）、反思智力（自我理解能力）、博物智力（自然理解能力）。这些多元智力在人脑中都有相应的功能领域。[14]

参考文献

[1] Saunders J N.The power of the arts in learning and the curriculum: a review of research literature[J]. Curriculum Perspectives,2021,41(1):93-100.

[2] 马月成, 肖典慧. 维果茨基社会文化理论视域中的教师专业发展 [J]. 继续教育研究,2020(1):24-26.

[3] 蒋艺. 杜威美育理念与幼儿艺术教育实践 [J]. 长春理工大学学报,2011(10):186.

[4] 严碧芳. 陈鹤琴的幼儿美育思想述略及其启示 [J]. 成都大学学报:教育科学版,2007(2):32.

[5] 王列盈. 论蔡元培的五育并举教育思想 [J]. 教育评论,2009(3):150.

[6] 喻永光. 蔡元培的美育思想对高校思政教育的启示及实施途径 [J]. 教育与职业,2013(11):65.

[7] 董建稳. 陶行知的生活教育理论辨析 [J]. 兰台世界,2013(5):42-43.

[8] 中华人民共和国教育部. 幼儿园教育指导纲要（试行）[M]. 北京：北京师范大学出版社,2001.

[9] 张俊春. 幼儿园美育的方法研究 [J]. 课程教育研究,2017(36):209.

[10] 中国学生发展核心素养 [EB/OL].https://baike.baidu. Com/item/%E4%B8%AD%E5%9B%BD%E5%AD%A6%E7%94%9F%E5%8F%91%E5%B1%95%E6%A0%B8%E5%BF%83%E7%B4%A0%E5%85%BB/20361439? Fr=ge_ala.

[11] 中国学生发展核心素养研究课题组负责人答记者问 [EB/OL]. https://baike.baidu.com/ reference/20361439/ 533aYdO6cr3_ z3kATPTfy PX3YSiRZN 346OHVULVzzqIP0XOpX5nyFIIr4pk88LhkHALFsddlbs4C2br6C01F5-hUc-00RLUrnHKQVTTBybfk4YF1x40.

[12] 徐雄伟, 张惠敏. 基于建构主义学习理论的教师继续教育网络课程实践：以上海师范大学夜大学为例 [J]. 外国中小学教育,2008(8):59.

[13] 王园朝, 程和勇. 建构主义学习理论指导下的基于网络的课堂教学模式在"分析化学"教学中的应用 [J]. 化学教育,2015(18):63.

[14] 钟启泉. 从学习科学看"有效学习"的本质与课题：透视课程理论发展的百年轨迹 [J]. 全球教育展望,2019(1):38.

第三节 实践意义

随着社会经济的快速发展和全球化趋势的加强，我国教育面临前所未有的机遇和挑战。在追求国际化的同时，如何继承和弘扬本国的优秀传统文化，已成为教育领域的重要课题。传统文化是一个国家和民族历史文化成就的重要标志，既承接过去又连接未来，是教育资源的重要组成部分。

班本课程组织形式灵活多样，是以幼儿的兴趣和需要为出发点，整合利用各种资源，在教师的支持和帮助下进行的具有班级特色的动态课程。我们撷取传统文化中的精华，将优秀传统文化与幼儿园课程融合，立足幼儿生活，通过实践探索，开发出系列符合幼儿兴趣与需要的班本课程，这对于传承与发展优秀传统文化、丰富课程资源、提升教师专业发展能力等具有重要的实践意义。

一、落实国家政策，推进幼儿园课程建设

2017年，中共中央办公厅、国务院办公厅印发《关于实施中华优秀传统文化传承发展工程的意见》，提出围绕立德树人根本任务，遵循学生认知规律和教育教学规律，把优秀传统文化贯穿国民教育始终，以幼儿园、小学、中学教材为重点，构建中华文化课程和教材体系。传承和发扬中华优秀传统文化刻不容缓，且要以课程体系的形式植入幼儿教育中，浇灌到幼儿的内心深处，让传统文化在幼儿心中生根发芽。以传统文化为主题的班本课程是响应国家号召、落实国家政策的最好体现。

二、传承中华优秀传统文化，树立幼儿文化自信

文化是民族的血脉，是人民的精神家园。中华优秀传统文化是中华民族思想文化的结晶，具有内涵深刻、历史悠久的特点，重视追求真、善、美的优秀品格，对人生、社会、自然等方面的哲学探索往往和现代社会的文化发展相得益彰。文化自信是更基本、更深层、更持久的力量。通过开展班本课程的实践探索，能够提高幼儿审美和人文素养，弘扬中华美育精神，让幼儿从中华优秀传统文化的熏陶中，感受、传承传统文化的精神内核，树立文化自信，培育美好心灵，为未来的美好生活做准备。幼儿教育传承中华优秀传统文化是落实立德树人、奠定文化自信的基础工程，将优秀传统文化融入幼儿园课程，既是传承，又是创新。

三、创新幼儿园课程实施新路径，丰富班本课程内容

随着教育改革的不断深入，幼儿园班本课程建设面临着创新和转型的挑战。将中华优秀传统文化融入班本课程，有助于提高课程质量，满足幼儿的发展需求。中华传统文化博大精深、源远流长，蕴含着丰富的哲学思想、道德观念和价值观念。将优秀传统文化融入幼儿园班本课程，不仅能够丰富教学内容，提高课程的吸引力，还能够帮助幼儿了解和认识中华民族的优秀传统文化，增强民族自豪感和认同感。将中华传统文化融入班本课程，需要遵循一定的原则和策略：首先，要选择适合幼儿年龄特点和文化背景的内容，注重趣味性和生活性；其次，要采用多样化的教学形式，如故事、游戏、手工制作等，激发幼儿的学习兴趣；再次，要将传统文化与现代教育理念相结合，注重培养幼儿的创新精神和实践能力；最后，要充分利用家庭和社会资源，与家长和社会各界合作，共同推动传统文化在幼儿园班本课程中的传承和发展。总之，将中华传统文化融入幼儿园班本课程，不仅能够提高课程质量，满足幼儿的发展需求，还能够为培养德智体美劳全面发展的人才奠定基础。

在实践与研究中，传统文化融入幼儿园班本课程的意义越发显著。老师们敏锐地捕捉到幼儿的兴趣，将幼儿感兴趣的传统文化资源转化为班本课程的资源，拓展了幼儿园课程资源的宽度，有助于教师们更好地将课程立足于儿童生活，从幼儿生活中来，在幼儿生活中开展，最后应用于生活，实现"中华优秀传统文化润泽幸福童年"的教育愿景。

第四节　开发价值

中华优秀传统文化融入幼儿园教育实践，是幼儿文化自信的力量源头，是幼儿成为中华优秀传统文化的继承者、弘扬者和传播者的关键抓手，也是幼儿审美力和创造力培养的重要教育内容。优秀传统文化融入幼儿园教育的价值深厚、路径多条、内容多样、实践方式多元，是学前阶段值得探究的教育实践内容。

一、落实国家相关政策，加强和改进幼儿园教育工作

《关于实施中华优秀传统文化传承发展工程的意见》指出，"围绕立德树人根本任务，把中华优秀传统文化全方位融入思想道德教育、文化知识教育、艺术体育教育、社会实践教育各环节，贯穿于启蒙教育等各领域；以幼儿园、小学、中学教材为重点，构建中华文化课程和教材体系"。响应国家号召，

落实国家政策，将中华优秀传统文化融入幼儿园课程建设，可以加强和改进幼儿园教育工作。

二、滋养幼儿精神血脉，塑造有文化自信的中国人

文化是民族的血脉，是人民的精神家园。文化自信是一个民族基本的、深层的、持久的力量。开发融入中华优秀传统文化的幼儿园班本课程，可提高幼儿审美和人文素养，弘扬中华美育精神。幼儿从中华优秀传统文化的熏陶中，能够感受、传承传统文化的精神内核，提升审美素养，树立文化自信，培育其美好心灵，为成为与中国社会文化相适应的人奠基，成为有文化自信的中国人。

三、深化幼儿园课程改革，探索优秀文化进校园新途径

幼儿园班本课程是教师在国家法规和幼儿园课程发展基本思想的指导下，从幼儿的实际需要出发，充分利用各种资源，主动建构的科学高效的课程。伴随幼儿园课程改革的不断深入，班本课程多样的主题和适宜的教学形式不仅能抓住班级幼儿的兴趣点，同时也能极大地拓宽多元的教育空间、多样的教育场域以及多类别的教育资源。特别是结合本地区、本园、本班级相关资源形成的形象生动、内容丰富、探索创新的生态课程，对于激发幼儿的感官和思维，促进幼儿健康成长与全面发展有深远的意义。

以班本课程开发与实施为途径的传统文化进校园活动，能最大限度地促进幼儿发展和教师成长，构建特色园本课程。

四、助推教师专业发展，提升教师文化素养和文化启蒙能力

优秀传统文化在幼儿园教育中的落地以及最终教育效果的呈现，关键在于教师。教师文化素养和文化启蒙能力是关乎班本课程开发成败的关键所在。持续的教师培训和学习、相关的科研教研，为提升教师在传统文化教育方面的胜任力提供了保障。一方面，教师自身的文化素养集中表现在对于中华优秀传统文化的本质、内涵和具体内容的知晓度，能够结合幼儿的学习与发展特点进行教育内容的选择和价值观念的引导；另一方面，班本课程开展过程中教科研的开展和教育经验的积累，帮助教师把握将优秀传统文化融入主题活动、一日生活活动、游戏活动等日常工作的内容选择、组织方式等，从而提高教师的文化启蒙能力。

第五节　主题设计

一、主题设计的原则

（一）教育性与趣味性相结合

传统文化班本课程的首要目的是将中华优秀传统文化以课程的形式植入幼儿的启蒙教育中，让文化的种子在幼儿的内心生根发芽，所以需要通过集中教学活动、区角活动、家园共育等路径来实现班本课程的教育性。同时，班本课程主题的设计也应是有趣的，所选择的主题设计应通过寓教于乐的方式，如故事讲述、角色扮演、互动游戏等，将传统文化知识融入幼儿的一日生活中，使幼儿在轻松愉快的氛围中学习和感受传统文化的魅力。

（二）针对性与适宜性相结合

班本课程的主题设计应针对幼儿的年龄、认知水平、兴趣爱好等特点，选择适合的传统文化内容进行教学。不同年龄段的幼儿对传统文化的认知和理解能力存在差异，因此，班本课程内容的难度和深度要适宜，同一类主题的班本课程的设计既要符合幼儿的认知发展水平，又要能够激发他们的学习兴趣和求知欲。

（三）实践性与体验性相结合

幼儿对传统文化的学习不能仅仅停留在书本知识的层面，更重要的是通过实践活动来体验和感悟。进行班本课程设计应注重实践性和体验性，让幼儿在活动中通过亲身体验、实际操作，丰富对传统文化的了解，加深对传统文化内涵的理解，感受传统文化的独特魅力。

（四）系统性与递进性相统一

在漫长的岁月中，在历史的沉淀中，中华民族创造并留下了璀璨夺目、博大精深的中华优秀传统文化，它蕴含着深厚的历史、文化和道德智慧。在进行班本课程设计时，应注重整体性和系统性，将传统文化中的各类元素和各个方面有机地融合在一起，形成一个完整的知识体系，而不是将片面的、分裂的、细碎的知识带给幼儿。同时，班本课程设计还应注重层次性与递进性，根据幼儿的认知发展水平和学习需求，从观察、认识、了解、操作、体验等方面逐步深入、不断拓展传统文化班本课程的学习内容。

（五）传承性与创新性相统一

班本课程主题设计在注重传承传统文化的同时，也要注重创新性和时代性。在设计班本课程主题时，可以将传统文化与现代科技、社会热点等相结合，设计出具有时代特色的传统文化班本课程；或者是以传统文化从古至今的变化、科技带给传统文化的创新性等视角进行主题设计；还可以利用多媒体、网络资源等现代科技手段来呈现传统文化知识；或者将传统文化与现代社会价值观、教育理念等相结合，赋予传统文化新的时代内涵和意义。

二、主题设计的分类

（一）按年龄段分类

中班：

主题：传统工艺、传统服饰、传统节日、传统故事等。

特点：在感受传统文化的基础上，通过更深入的探究和实践活动，让幼儿更全面地了解传统文化的内涵。例如，通过制作手工艺品了解工艺文化；参与春节包饺子、贴春联等节日庆典活动，认识并尝试穿戴、制作传统服饰；以及通过演绎传统故事来表达故事情感。

大班：

主题：传统戏曲、传统艺术、传统节日、巴渝文化等。

特点：以系统化、综合性的班本课程引导幼儿进行深度学习和综合实践。主题设计中预设幼儿感兴趣的课程生长点，在创设和生成的过程中，不断挖掘幼儿的兴趣点，让幼儿积极主动地学习新知识和经验，探索周围的社会环境、自然环境和物质世界，并将这些知识和经验纳入原有的认知结构进而迁移到新的情境中。

年龄段	主题	主题设计
中班	主题一：传统工艺初探	制作简单手工艺品
		了解工艺文化
	主题二：传统节日庆典	春节包饺子、贴春联
		端午赛龙舟
	主题三：服装与配饰	认识传统服饰
		尝试穿戴配饰
	主题四：传统故事演绎	表演传统故事
		感受故事情感

续表

年龄段	主题	主题设计
大班	主题一：传统戏曲欣赏	观看经典戏曲片段
		亲身感受戏曲魅力
	主题二：传统艺术体验	学习书法、国画
		欣赏艺术作品
	主题三：地域文化探索	了解地方特色
		制作地方美食
	主题四：综合节日实践	自主策划节日活动
		节日角色扮演

（二）按内容领域分类

2019年12月15日上午，《中小学传统文化教育指导标准》在北京发布，该文件充分考虑了传统文化教育内容、实施路径与现代教育及中小学生年龄特点的融合，为中小学传统文化教育的开展提供了科学的、成体系的、建设性的方案。它以行业协会的名义，面向全国发布，具有行业标准的意义，同时也作为幼儿园选择传统文化内容的重要参考。

幼儿园以《3—6岁儿童学习与发展指南》为指导，以《中小学传统文化教育指导标准》为参考，立足于幼儿园实践，将传统文化课程内容分为经典、常识、技艺三大类，每一类别下有二级分类以及具体的课程内容介绍，详见下表：

	分类	具体内容
传统文化	诗文经典	以文字形式流传下来的诗词、国学、文学、民族文字等
	节庆风俗	节日、风俗、节气、信仰、祭祀等
	传统饮食	传统吃食、农作物等
	美德礼仪	中国的传统精神、传统礼仪等
	传统游戏	传统体育项目、民间游戏等
	民间技艺	陶瓷、剪纸、泥塑、刺绣、服饰、建筑、医药、雕刻等
	民间艺术	戏曲、歌曲、乐曲、乐器、舞蹈、绘画、书法等

此表基本上涵盖了中华优秀传统文化的主题内容，具有全面性。每个内容都可以作为幼儿园班本课程的课程主题，为教师开展班本课程的设计提供思考方向。同时，教师的选择具有特殊性。教师可依据幼儿的年龄特点、身心发展情况、兴趣点选择班本课程主题内容，以幼儿的兴趣为出发点，在动态创生中不断生长出新的课程点，让选择同一主题内容的班本课程有不同的深入挖掘点。

（三）按教育目标分类

文化认知：班本课程主题设计需要帮助幼儿了解中华优秀传统文化的基本内容、历史背景和重要意义，包括节日、习俗、经典故事及传统艺术等。

文化自信：班本课程主题设计需要让幼儿深度了解传统文化，感受传统文化的魅力，增强对中华文化的认同感和自豪感，树立文化自信。

文化传承：班本课程主题设计需要让幼儿传承节气风俗、传统美德、传统技艺，激发幼儿对传统文化的热爱，增强保护和传承文化遗产的意识，成为文化传承的积极参与者。

第六节　实施路径

课程实施本身是一个复杂而关键的过程，不仅与课程本身紧密联系，还和各种外部因素息息相关。幼儿园从园所实际出发，探索出一条适合本园的传统文化班本课程实施路径，通过以下几个关键步骤，来促进班本课程的开发与实践。

一、"一训"：提升教师文化底蕴

教师的知识和技能是决定儿童能够学习多少内容的最重要因素之一，对幼儿的学习和发展有着重要的影响。教师是实施中华优秀传统文化教育的主体，不仅需要具备基础的教育教学知识与技能，还需提升文化素养以及文化教育意识，以文化自觉带动文化教育，提升文化教育质量。例如，幼儿园定期开展教研活动、集体学习活动，组织教师外出考察与交流，邀请专家教授入园讲座，由内而外提升教师对传统文化的认知，强化教师的文化意识，提升教师的文化启蒙能力，为班本课程的有效实施打下坚实的文化基础。

二、"二定"：明确厘清课程目标

课程目标是课程的指南针与方向盘，在课程要素中居于基础和核心地位，课程的各个构成要素和环节的设计都要围绕课程目标来进行。[1]在实施班本课程之前，教师首先需要明确课程目标，考虑环境资源、幼儿发展、课程本身的科学性等因素，实现课程目标的具体化、整体化和可操作化，注重情感态度和知识技能、能力发展等的整合统一。在传统文化方面，强调幼儿的文化体验、文化表达与创造，挖掘其中的真善美和道德真谛，重视幼儿文化自信和民族认同感的提升。

三、"三研"：科学审议课程方案

课程审议是由施瓦布首次提出的课程研究方式，它是就种种事实判断和价值判断形成暂时的共识，必须考虑各种可能的途径，拟定各种备选的解决方案并对其加以权衡，选择最佳方案[2]，由此确定目标与手段。课程主体要想就课程实践中存在的问题达成共识并最终将其解决，就必须进行对话、沟通、交流。[3]因此，在实施课程前，幼儿园会组织教师进行集中课程审议，通过对话与交流，明晰班本课程组织实施的价值，在审议中优化班本课程实施方案，重点审议课程目标、课程内容、课程实施策略以及课程资源等，挖掘传统文化中的育人价值，以保证课程内容符合幼儿兴趣和发展需求，使课程实际效益达到最优效果。

四、"四探"：确定课程组织形式

学习是主动建构的过程，需要做到认知与实践的统一。正如陶行知先生所说，"行是知之始"，只有主动实践才能将传统文化教育真正落实下去。幼儿园深入文化班本课程实践探索，从中确立"园—家—社"的文化课程组织圈，通过园内外教育资源的整合，用多元的实践场域和活动路径，促进幼儿文化素养的提升。第一，在五大领域教育活动中贯穿文化课程，设计符合班级幼儿学习水平的语言、艺术、健康等领域的教学活动。第二，在游戏活动中寻找与文化课程的结合点，传承民间趣味游戏，开发与文化相关的游戏等。第三，在项目活动中深入探究文化课程，开展造纸、陶艺、皮影、国画等项目活动，通过亲身体验、实际操作、问题解决等，促使幼儿深度感受文化的独特魅力。第四，在家园社活动中积聚文化教育推动力，邀请家长参与传统文化主题活动，邀请非遗手艺人到幼儿园开展相关活动，走进社会公共文化场所（如文化馆、艺术馆、博物馆等），营造浓厚的文化群体氛围。

五、"五动"：组织实施课程内容

为达成课程目标，教师遵循适宜性、灵活性、随机性、延续性的原则，有目的、有计划地实施班本课程。教师按照班本课程的具体计划进行教学活动，注重幼儿的直接感知、亲身体验、实际操作，采用多样化的教学手段和教学方法，保证幼儿的学习体验和学习效果。此外，在课程实施的过程中关注幼儿活动的表现和需求，及时抓住幼儿的学习契机，将预设与生成相结合，使课程内容形成更加完整的知识体系。

六、"六评"：有效评估班本课程

对班本课程进行反思及评估，旨在通过客观审视，发现问题并加以调整、优化、改进，以保证教学质量的提升，促进幼儿全面发展。第一，评估班本课程本身，包括课程目标设置是否合理，课程内容选择是否科学、实用、符合幼儿发展水平，课程资源是否丰富多样，课程资源的利用率如何，课程教学方法是否与课程内容相匹配等。第二，根据幼儿的身心发展特点，选择恰当的评估方式，如幼儿作品、记录表、实验操作卡、幼儿照片或视频等，对班本课程实施效果进行评价。最后，总结梳理班本课程实施过程中的经验与不足，为下次实施班本课程提供实践经验。

参考文献

[1] 张娜. 生命价值取向下幼儿园课程目标的重构 [J]. 教育研究与实验, 2018(01):78-82.

[2] 施良方. 课程理论：课程的基础、原理与问题 [M]. 北京：教育科学出版社, 1996:198-199.

[3] 张家军. 论课程审议的内涵、价值取向与过程 [J]. 课程·教材·教法, 2012(06):9-14.

第二章

诗文经典

诗文经典

一、主题说明

五千年的文化绵延传承，千百年的积累成果丰硕。当它们以文字的形式流传，或为有韵律美的诗词，或为朗朗上口的国学，或为千面而汇的文学，或为铭刻、启智的民族文字。

在教育的绿野之上，班级如一方独特的园圃，亟待知识繁花的装点。班级开展的"诗文经典"主题班本课程应运而生，恰似一扇通往古韵今辉的棂窗，带幼儿开启探索之旅。

"藏在唐诗里的童趣"犹如一道璀璨的光芒，照亮了孩子们求知的眼眸。充满童趣的唐诗，老师绘声绘色地讲给孩子听；亲手绘制唐诗中的场景，童真的笔触下，有专注钓鱼的小儿；身着古装，模仿诗中人物的动作和神情……诗文变成了孩子们能够亲身感受和体验的欢乐之旅，让他们在唐诗的海洋中，尽情享受童年的美好与诗意。

姓氏承载着家族的传承、历史的记忆和文化的底蕴。通过"姓氏大揭秘"班本课程的实施，深挖姓氏文化，激发孩子们对传统姓氏文化的兴趣和热爱。在课程实施中探索名字文化，知名字来历，解名字文化，承文化脉意。

文字是人类文明的重要标志，承载着丰富的信息和深厚的文化内涵。在幼儿成长过程中，与文字的相遇是开启知识宝库的关键一步。班本课程"与'字'相遇"，让幼儿亲近文字，感受文字的魅力，在充满趣味和探索的氛围中与文字建立亲密的联系。

回溯华夏，诗韵悠悠，经典悠悠。诗文经典仿若星芒，照亮历史穹顶。于课程中诗文经典是基石，而班本课程则如灵动羽翼，它将突破有限课时，深挖经典背后的故事。

借诗文品鉴，于平仄间雕琢语感，于意象中丰盈想象，于哲思中砥砺品格。在传承灯火下，以班级为舟，泛游课程之海，携经典同行，让感知在文学中拔节生长，共赴这场永不落幕的诗意之约。

二、主题目标

1. 感受以文字形式流传下来的诗词、国学、文学、民族文字等，产生对诗文经典的喜爱之情。
2. 通过班本课程的实施，初步了解诗词、民族文字背后的人文文化、内涵故事以及所蕴含的历史价值。
3. 通过班本课程的开展，进行系统性、主题性、多元性的探索，乐意参与并大胆分享自己的发现。

三、主题内容表

主题名称	年龄段	班本课程名称	家园共育形式呈现
诗文经典	中班	藏在唐诗里的童趣	1. 开展"唐诗绘本亲子阅读"活动，家长和幼儿共同阅读唐诗绘本 2. 开展唐诗分享活动，幼儿朗诵唐诗，家长拍照或录视频进行记录 3. 幼儿和家长共同完成"唐代诗人小调查"，初步了解唐代诗人及其称号 4. 为唐诗配画：家长和幼儿一起根据唐诗内容绘画一幅画
	大班	姓氏大揭秘	1. 幼儿和家长共同完成家庭姓氏调查表，了解家庭成员的姓氏 2. 幼儿和家长共同完成"我的名字故事调查表"，幼儿了解名字的由来及含义 3. 幼儿和家长一起寻找生活中与孩子名字有关的汉字，拍照记录 4. 幼儿和家长一起寻找生活中的汉字，拍照记录，激发幼儿探索汉字的兴趣
		与"字"相遇	以家庭为单位调查"字的由来"。在家长的引导下，进行"字的由来大调查"，知道是谁创造了字、发明了字，了解最早的字并非字，而是一种符号，那种符号就是汉字最初的模样

中班班本课程：藏在唐诗里的童趣

重庆市九龙坡区实验幼儿园教育集团　朱霜　王玉

唐诗是中华民族传统文化的瑰宝，它以丰富的内涵、优美的意境以及深刻的哲理，影响了一代又一代中国娃。孩子们吟诵唐诗，在有趣的唐诗探索中，穿越时空，与诗人对话，走进诗人的故事，亲身感受诗人笔下充满温度的诗词，理解古诗背后的文化历史，从而更好地传承中华优秀传统文化。

一、课程缘起

重阳节，中一班的孩子们学习了古诗《九月九日忆山东兄弟》。孩子们不仅了解了古诗的含义，从诗中认识重阳节登高、插茱萸的习俗，还进行了古诗角色表演，对这首唐诗有了全面的认识。

接下来的一段时间，孩子们常常谈论起自己学过的唐诗，对唐诗产生了浓厚的学习兴趣。为了让孩子们进一步感受唐诗之美，更好地弘扬中华优秀传统文化，我们决定与诗为友，开启唐诗的探索之旅，带领孩子们去发现唐诗中的童趣。

二、课程实施

孩子们围绕唐诗，开展了"与诗相遇""探秘唐诗""玩转唐诗""诗人调查""唐诗大会"五个部分的探索活动。

（一）与诗相遇

走进唐诗的世界，聆听古人之语，看遍花红柳绿，赏一场大雪纷飞，赴一段熠熠芳华。孩子们谈论着自己对唐诗的认识。

1. 我知道的唐诗

乐乐："鹅鹅鹅，曲项向天歌，白毛浮绿水，红掌拨清波。"

欣宜："我会背《静夜思》，床前明月光，疑是地上霜……"

若虚："我知道《相思》这首诗，它是王维写的诗。"

溪宝："我家里有《唐诗三百首》，里面有很多唐诗。"

优优："朱朱老师，唐诗真的有三百首吗？"

沐沐："这么多诗从哪里来的呢？"

幼儿分享"我知道的唐诗"

在谈话活动中，孩子们你一言我一语地表达着自己的想法，为了解答孩子们关于唐诗起源的问题，我们进行了"诗从哪里来"亲子小调查。

2. 诗从哪里来

优优："诗是诗人把自己看到的、想到的写下来。"

彤彤："唐诗就是唐代诗人写的诗。"

则则："诗人写诗是表达自己的感情。"

通过调查、分享、视频讲解，孩子们发现原来古诗词最早来源于劳动。人民在劳动的过程中，为了减轻疲劳，增加劳动的乐趣，逐渐创造了歌唱这一最原始的诗词形式。

3.《唐诗三百首》

孩子们将家中的唐诗绘本带到幼儿园进行分享，在社会活动"唐诗三百首"中，通过视频和图片讲解，解答了唐诗是否有三百首的疑惑。

林子："原来唐诗不止三百首，一共有五万多首呢。"

鹤一："清代一个叫孙洙的人，他选了300多首唐诗编成《唐诗三百首》。"

幼儿读唐诗绘本

初夏："看，绘本里有好多好多唐诗呀！"

千云："我喜欢唐诗，我想多学一些唐诗。"

孩子们对唐诗的学习热情持续高涨，一起看看孩子们喜欢哪些唐诗，又是如何学习的。

（二）探秘唐诗

孩子们通过看图片、视频、动画以及演唱等多种方式，学习了《江雪》《望庐山瀑布》《绝句》《春夜喜雨》《山行》《登鹳雀楼》《早发白帝城》等脍炙人口的唐诗。

幼儿趣味唐诗学习

1.唐诗大家族

在学习的过程中，孩子们发现了唐诗韵律的秘密，认识了唐诗中的两大家族——五言绝句和七言绝句。

乐乐："唐诗每一句的字数都相同。"

沐沐："我发现我们学习的唐诗都是四句。"

欣宜："唐诗每句都很整齐，像唱歌一样。"

老师："在唐诗大家族中，有一个'绝句'家族。绝句由四句组成，分为五言绝句和七言绝句。"

一一："什么是五言绝句？什么是七言绝句呢？"

老师："每句有五个字的绝句就叫五言绝句。"

鹤一："每句有七个字的就叫七言绝句。"

孩子们还尝试在游戏中给唐诗家族分类，为五言绝句和七言绝句找到自己的家。

幼儿活动：唐诗大家族之五言绝句和七言绝句

2. 唐诗里的数字

除了唐诗的分类，孩子们还发现唐诗中藏着许多数字。在学习唐诗《绝句》时，孩子们惊奇地发现，这首诗每一句里都有数字。

亚廷："老师你看，这首诗有好多数字。"

嘉诺："还有'两'就是'二'的意思。"

老师："你还记得哪些学过的唐诗里有数字吗？"

沐沐："《望庐山瀑布》中的'飞流直下三千尺，疑是银河落九天'。"

团团："'离离原上草，一岁一枯荣'里也有数字。"

3. 唐诗里的科学

在学习《望庐山瀑布》时，孩子们被庐山的美丽风景深深吸引，还展开了一场讨论——真的是银河吗？

彤彤："是银河，因为这里很美。"

墨墨："诗句中有银河，我觉得是真的银河。"

优优："不是银河，只是瀑布很高。"

在欣赏了庐山瀑布的视频后，孩子们如身临其境般感受到瀑布的陡峭和从高山上倾泻而下的震撼，知道了原来瀑布不是从银河落下来的，感受到是诗人用夸张的手法，描绘出庐山瀑布的雄伟壮丽。

（三）玩转唐诗

唐诗承载着深厚的文化价值，以极简的文字，勾勒出无限的想象空间。孩子们在有趣的唐诗学习中，体会唐诗的意境美,还在唱、画、演、玩中领略唐诗的魅力。

1. 唱唐诗

唐诗是最美妙的文字,童声是最美妙的声音。孩子们用稚嫩、清脆的童声,唱出唐诗的韵律和美感;用他们天真无邪的情感,传递着古诗词独有的神韵。

唱唐诗《山行》 　　　　　唱唐诗《悯农》

唱唐诗《春夜喜雨》 　　　唱唐诗《望庐山瀑布》

2. 画唐诗

每一首诗都是一段岁月,每一首诗都是一道风景。孩子们沉浸在唐诗的世界,用绘画的方式,表现古诗中的故事。

(1)绘画作品《鹅鹅鹅》

孩子们结合唐诗《咏鹅》,创作了美术作品《鹅鹅鹅》。绿色的柳条,青青的湖水,大白鹅正在水中唱歌,多欢乐呀!

(2)绘画作品《登鹳雀楼》

"白日依山尽,黄河入海流。"诗人用诗句描绘出登上鹳雀楼,眺望黄河的景象。看,孩子们也拿起画笔,用色彩和线条将心中的鹳雀楼美景呈现在画纸上。

3. 演唐诗

古诗所表达的往往都是一幅情景、一个故事,孩子们化身"小导演""小演员"大胆创编,一首首古诗词的美丽景象就这样出现在我们面前了!

幼儿表演《赠汪伦》

4. 唐诗与中国鼓

中国鼓是中国传统的打击乐器，是精神的象征，是力量的表现。中国鼓与唐诗会碰撞出怎样的火花呢？孩子们将中国鼓与唐诗结合，跟随音乐有节奏地敲击，鼓诗相融，感受古诗词语言美与音乐韵律美的完美结合。

中国鼓表演《悯农》

5. 唐诗区角我创设

孩子们也想模仿诗人吟诗作乐，提出在班级飘窗打造一个唐诗区角，并积极讨论如何打造。

问题一：唐诗区角怎么布置？

豆豆："我觉得唐诗区角要有唐诗绘本。"

意如："唐诗区角要放我们的绘画作品。"

沐沐："我们可以画设计图，把自己的想法画出来。"

（1）绘制唐诗区角设计图

经过初步讨论，孩子们的想法跃然纸上，他们绘制出自己心中的唐诗区角，并分享展示自己的设计图。

绘制唐诗区角设计图

（2）打造唐诗区角

接着孩子们找来了 KT 板和纱巾，师幼合作，老师根据孩子的想法制作出 KT 板模型，孩子们来涂上颜色，并进行布置。

孩子们自主打造唐诗区角

问题二：唐诗区角玩什么？

优优："我们可以在唐诗区角背唐诗，还可以表演唐诗。"

舟舟："可以把唐诗玩具都放到唐诗区角。"

经过孩子们的团结协作，最终孩子们自主创设的唐诗区角诞生了。孩子们还给这个区角取了一个好听的名字"唐诗大会"，并把阅读区和益智区关于唐诗的玩教具都放在了"唐诗大会"中。

唐诗区角打造完成

（3）趣玩唐诗区角

"唐诗大会"成了孩子们最喜欢的区角，区角时间孩子们都争先恐后进入唐诗区角玩耍。唐诗区角有哪些有趣好玩的自制玩教具呢？一起看看孩子们是怎么玩的吧！

"古诗光影"玩教具 　　"唐诗配对"玩教具 　　"赏图猜诗"玩教具 　　"唐诗迷宫"玩教具

唐诗广播站

（四）诗人调查

随着对唐诗探索的深入，孩子们认识了许多诗人，对诗人产生了浓厚的兴趣。

鹤一："李白写了很多诗，他被称为'诗仙'。"

林子："我喜欢杜甫，他是李白的好朋友。"

乐乐："老师，杜甫也是'诗仙'吗？"

1. 唐代诗人小调查

面对孩子们对诗人的好奇，我们开展了亲子活动"唐代诗人小调查"，孩子们和爸爸妈妈一起回忆自己认识的诗人，一起调查诗人的称号，画一画自己喜欢的诗人，并将调查表带到幼儿园进行分享。在调查和交流中，孩子们对诗人有了进一步的认识。

亲子共同完成"唐代诗人小调查"

欣宜："李白被称为'诗仙'，杜甫是'诗圣'。"

若虚："王维是'诗佛'。"

婷婷："白居易是'诗魔'，他也写了许多诗。"

森森："我和爸爸还调查到，王勃被称为'诗杰'。"

优优："这些称号都太有意思了。"

"唐代诗人小调查"分享

2. 诗人知多少

为进一步帮助孩子们认识诗人，了解唐诗的派别，我们带孩子们开展了"诗人知多少"活动：了解李白的成长故事，感受李白诗歌的豪放自由；了解杜甫的生平经历，感受杜甫诗歌的沉郁顿挫；认识"诗佛"王维，感受王维山水田园诗的空灵优美。

（五）唐诗大会

1. "最美小诗童"比赛

诗是传承古今的歌唱，诗是感动天地的情怀，诗是勇担使命的理想，诗是创造未来的力量。备受瞩目的"最美小诗童"比赛拉开帷幕，比赛分为"看图猜唐诗""唐诗接龙""唐诗朗诵"三个环节。在这场激烈的角逐中，孩子们遨游于唐诗的乐园，积极参与挑战，反应迅捷，尽情领略诗词格律的无穷魅力。

"最美小诗童"比赛

2. 亲子诗配画活动

诗是有声画，画是无声诗。孩子们还与爸爸妈妈一起，用手中的画笔将自己对唐诗的理解画出来。一幅幅充满童趣、充满活力、充满幻想的五彩斑斓的图画，充分展现着幼儿眼中的美丽色彩及创意想象。

亲子诗配画

3. 读唐诗表演

唐诗中的意境，如画卷般展现在我们眼前，让我们感受到了古人的智慧和情感。在活动最后，孩子们带来了读唐诗表演。在孩子们的歌声中，我们仿佛穿越至风华绝代的唐朝，品味唐诗之美，共赴了一场古风雅韵的旅程。

读唐诗表演

三、课程感悟

本次班本课程通过有趣的唐诗探索活动，进一步丰富了孩子们的文化生活、情感体验，激发孩子们的才学和智慧，培养孩子们学习古诗词的兴趣，促进孩子们对古典诗词文化的传承。学习古诗词的过程，不仅可以锻炼孩子们的语言感知能力和表达能力，还可以培养孩子们积累优秀传统文化的习惯，让孩子们学习古诗，爱上古诗。

诗词，留给孩子们的回味是深长和久远的，孩子们已经走进唐诗的乐园，希望他们能够与诗相伴，徜徉经典诗词，让中华优秀传统文化潜移默化地润入心间，化作成长的力量，做一个"腹有诗书气自华"的中国娃！

大班班本课程：姓氏大揭秘

重庆市九龙坡区实验幼儿园教育集团　朱霜

姓氏是一种富含传统文化内蕴的特殊社会现象，它由家族血缘关系、精神纽带和文化传承标志，演变为单纯的个人符号。姓氏起源多元化，是我们中华民族姓氏的特点，更是我们民族漫长的发展过程中文化特色的再现。每个人都有一个和自己息息相关的名字，姓氏里蕴含着中国几千年的独特文化。一次偶然的机会，大一班的孩子们对姓氏产生了浓厚的探索兴趣，对姓氏展开了一系列探索，揭开了姓氏的奥秘。

一、课程缘起

在一次餐后聊天中，我听到了孩子们对姓氏的热烈讨论。若珝："焦宇恩泽姓焦还是姓焦宇？"诗艺："朱朱老师姓朱朱吗？"小宝："为什么我们的姓有些一样，有些不一样呢？"孩子们对姓氏产生了浓厚的探索兴趣，班本课程"姓氏大揭秘"由此开启。

二、课程实施

孩子们围绕姓氏，开展了姓氏大调查、姓名的追问、我们的名字、名字大创作、名字在我身边五个阶段的活动。从了解姓氏的起源到调查名字的含义，再到寻找身边的汉字，孩子们的探索逐步深入，认知也不断丰富。

课程实施路径是课程开展的过程，将班本课程融入幼儿的一日生活，与集中教育活动、游戏活动、家园活动结合，有利于持续支持幼儿探索，促进幼儿全面发展。本次活动也在预设和生成中不断丰富，最终形成完整的课程实施路径表。

（一）阶段一：姓氏大调查

姓氏作为中华文明的瑰宝，源远流长，蕴含着丰富的历史信息与文化内涵，是中华传统文化的重要组成部分。对于姓氏，孩子们有很多疑惑。

问题一：姓氏有哪些？

问题二：什么是单姓？什么是复姓？

问题三：姓氏是如何产生的呢？

1. 社会活动：认识《百家姓》

《百家姓》作为中国传统文化中的重要文献，不仅是一部姓氏大全，更是一部承载着深厚历史文化价值和社会教育意义的典籍。孩子们在社会活动"认识《百家姓》"中，通过交流与讨论，认识百家姓，了解单姓和复姓，感受中国姓氏的丰富。

2. 小组姓氏大调查

你所在的小组有几种姓氏？这些姓氏是否相同呢？孩子们在小组姓氏大调查中找到了答案。

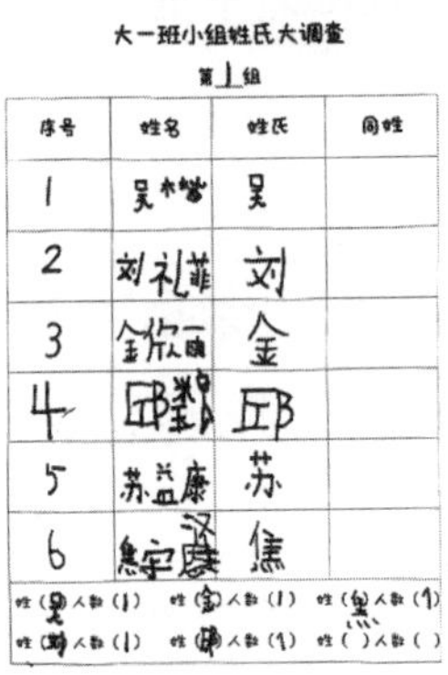

小组姓氏调查表

通过调查统计，孩子们发现只有第四组和第六组有两个小朋友同姓，其他小组都没有姓氏相同的小朋友。看来小组内相同姓氏的人数并不多，那么大一班有多少小朋友姓氏相同呢？于是孩子们又以班级为单位展开了调查统计。

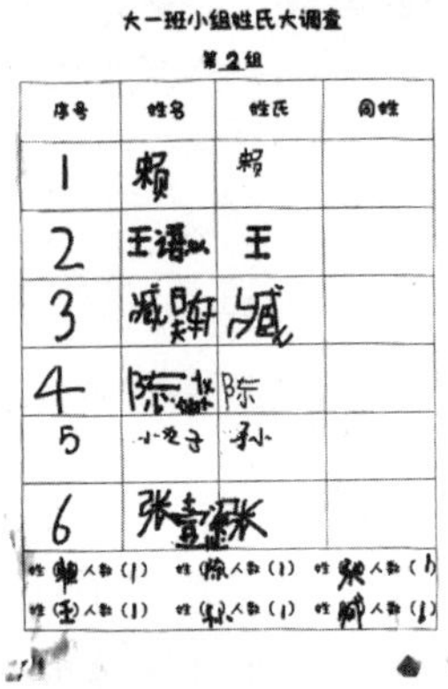

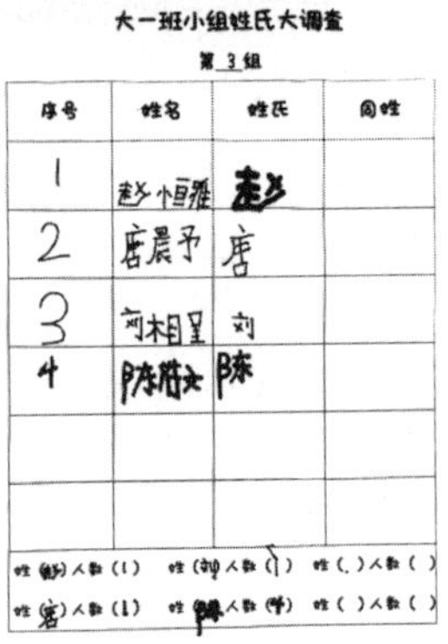

3.班级姓氏大调查

班级姓氏大调查

通过调查统计，孩子们得出结论：大一班一共有22种姓氏，其中姓"陈"和姓"王"的人数最多，都有三个。

调查了小组和班级的姓氏，孩子们还想探索家庭成员的姓氏，于是家庭姓氏大调查活动拉开了序幕。

4. 家庭姓氏大调查

姓氏如一缕缕不灭的薪火，代代相传，承载家族的记忆与荣耀，连接着过去、现在与未来。在调查、记录和分享中，孩子们逐渐明白了姓氏之间奇妙的传递关系，了解到姓氏具有血缘联结和文化传承的作用。

5. 姓氏的起源

姓氏的起源可以追溯到远古时期，最初源于图腾崇拜，与人类早期的氏族社会紧密相关。在调查姓氏的过程中孩子们也发出疑问，姓氏是怎么产生的呢？由此生成了科学活动"姓氏的起源"。

通过师幼以及亲子查找资料、交流分享等多种方式，孩子们发现姓氏的起源有很多种说法，例如以动植物为姓，以数字、颜色为姓等，这也进一步丰富了孩子们的认知，让他们感受到姓氏文化的源远流长、博大精深。

（二）阶段二：姓名的追问

在第一阶段的探索后，孩子们进行了热烈的讨论，其中包括对东西方姓氏的比较、对名字作用和意义的思考，孩子们就像一个个小哲学家一样，谈论着自己的观点。

讨论一：中国和外国的姓氏有什么不同？

讨论二：人为什么要有名字？

讨论三：出现一样的名字怎么办？

香香："外国人的姓氏更长一些。"

轩轩："外国人的姓氏都很难写。"

殷来："没有名字就不好称呼别人了。"

小西米："没有名字的话，回答问题的时候，老师就只能说'请穿什么颜色衣服的小朋友来回答问题'。"

恩泽："人不能没有名字。"

灿灿："出现一样的名字，我们可以一个叫小名，一个叫大名。"

张懿："可以换一个名字。"

随着探索的逐渐深入，孩子们的探究方向转向了名字，进入了第三阶段的探索："我们的名字"。

（三）阶段三：我们的名字

1. 我的名字故事

每个人的名字，都是独一无二的标志。它不仅承载着这个人的身份信息，更蕴含着深厚的文化、情感和期望。"我的名字是谁取的，有怎样的含义？"孩子们开展了"我的名字故事"活动。

"我的名字"故事分享

瞧，孩子们津津有味地分享着自己的名字故事，感受名字中蕴含的祝福、期望以及长辈深深的爱。

2. 绘本欣赏

绘本是适合幼儿阅读的图书，在绘本中也蕴藏着许多名字故事，例如《寻找自己名字的猫》《妖怪偷走了我的名字》《我的名字克丽桑斯美美菊花》等。孩子们聚精会神地聆听绘本故事，一起在故事中感受名字的意义。

绘本故事欣赏

3. 体育游戏：撕名牌

幼儿在游戏中学习。孩子们开展了哪些关于名字的游戏呢？首先是好玩刺激的"撕名牌"游戏。幼儿在其中体验追逐和躲闪的快乐，在快跑中发展身体的协调性和灵活性。

体育游戏：撕名牌

4. 听说游戏：姓名蹲

孩子们还根据萝卜蹲创编了听说游戏"姓名蹲"，体验与同伴进行游戏的快乐，练习在听说中快速反应的能力。

听说游戏：姓名蹲

5. 游戏活动：报上名来

孩子们还将自我介绍和击鼓传花游戏结合，生成了新游戏"报上名来"。当音乐停止，拿到玩偶的小朋友进行自我介绍，说说自己的名字故事。

游戏：报上名来

这个游戏为孩子们今后进入小学或在生活中向新朋友介绍自己做好了准备，孩子在明确社会角色的同时，增强了自我认同感和归属感。

（四）阶段四：名字大创作

1. 美术活动：名字变变变

小小艺术家们从自己名字的笔画结构出发，对名字进行笔画延伸和借形想象，感受字画设计的美妙和乐趣。

在这个过程中，孩子们从不会写自己的名字，到能用双线条勾勒笔画，再到借形想象，不断挑战自我，获得成长。

2. 区角活动

孩子们也将班本课程延伸到区角活动中，开展了丰富多彩的区角活动：在书阅阁寻找汉字卡片，挑战将同伴的姓和名一一对应；在创意坊用各种材料制作"百家姓"；在妙搭屋尝试用积木拼出不同的姓氏……

书阅阁"姓名匹配卡"

妙搭屋"姓氏拼拼乐"

3. 美术活动：姓名印章

小小艺术家们还设计制作了姓名印章，体验篆刻的乐趣。

（1）初识印章

通过观察动物的脚印、分享绘本《国王的印章》、回忆活字印刷术、寻找印章出现的地方等环节，激发孩子们对印章的兴趣，了解印章的类型及用途。

（2）了解印章的种类和作用

孩子们从家里带来了各种各样的印章，通过分享与交流，进一步认识了印章的种类，知道印章分为闲章和名章，其中图案印章为闲章，姓名印章为名章。

观察印章，了解印章的种类和作用

（3）玩一玩，印一印

孩子们通过玩印章，进一步感受名章和闲章的不同。在玩的过程中，孩子们惊奇地发现印章印出来的文字和图案有阳刻和阴刻之分——字体或图案实心的为阳刻，空心则为阴刻。

玩一玩印章

（4）设计姓名印章

明确制作目标后，孩子们纷纷绘制草图，设计出多种款式的名章，让心中的想法跃然纸上。

设计姓名印章

（5）制作印章——解开印章刻字的秘密

"瞧，我把我的姓刻在了陶泥上。"在此环节中，孩子们将自己的姓或名刻在了陶泥上。

制作姓名印章

（6）印出"我"的姓

制作好印章，孩子们找到印泥迫不及待地印出自己的姓氏。正当孩子们沉浸在制作好姓名印章的喜悦中时，小宝发现了一个问题。

小宝："为什么我印出来的'李'字有一点奇怪？感觉一点都不像。"

甜甜："我的'赵'也是，印不出来。"

文涵："我的'金'就很像。你看！可能是因为我刻得很清晰。"

孩子们对遇到的问题进行了梳理。

发现问题：为什么有的字印出来很像，有的却不像呢？

对比观察：孩子们反复查看自己印章上面的文字，并与班级已有的印章进行对比。

得出结论：①文字雕刻的深度不够，印出来会不清晰；②字形刻反了，所以印出来不像。

细心的孩子们也发现了之所以有些字印出来没有反，是因为姓氏中有些字是对称的，例如金、王、吴等。孩子们没有气馁，开始想办法修改印章上的字。

问题1：如何修改印章上面的文字呢？

昊轩："刻反字不就好了嘛！"

问题2：怎样刻反字？

梓珺："老师，我不会刻反字。"

梓麟："我们可以照着镜子刻，镜子里的字也是相反的呀！"

恒雅："我们直接照着纸上的反字刻也可以呀！"

孩子们想到了照着镜子里的字刻和照着第一次印出来的反字刻两个好办法。

经过反复探索，一个个反向的字成功印在了纸上，孩子们掌握了印章刻字的秘诀。

不断探索印出正向的字

（五）阶段五：名字在我身边

1. 亲子活动：名字在我身边

教育应回归幼儿的生活。生活中处处都有汉字，我们的名字藏在哪里呢？孩子们展开了一场场寻字活动，他们在广告牌、涂鸦墙、商店招牌等地方都找到了自己的名字。

亲子活动：名字在我身边

2. 亲子活动：生活中的汉字

孩子们的识字兴趣被激发起来，更加留心观察生活中的汉字。瞧，在旅游景区，在家中，孩子们发现了各种各样的汉字。

亲子活动：生活中的汉字

《3—6岁儿童学习与发展指南》指出，大班幼儿具有书面表达的愿望和初步技能，会正确书写自己的名字，为其进入小学后的读写奠定基础。通过本次活动，孩子们也希望有更多书写自己名字的机会，于是，他们提议把晨间签到活动"挂姓名牌"改为"签名"的形式。考虑到不同孩子的发展水平，通过商量与讨论，孩子们决定刚开始签名可以照着写，到后期便没有提示，自己书写姓名。后来，孩子们还找来了时钟，便于签名时记录来园的时间。

三、课程感悟

本次班本课程从"姓氏"出发，以"名字"作为课程的焦点，孩子们在丰富有趣的活动中建立起了对名字的归属感和对文化的认同感。同时本次活动激发了孩子们识字和书写汉字的兴趣，进一步为孩子们的前书写和幼小衔接做好准备。作为幼儿教师，在教育教学中我们要注意以下几点：

（一）善于抓住幼儿的兴趣点，及时支持幼儿的探索

作为幼儿教师，要学会观察与倾听，观察孩子们在日常活动中的兴趣点，留心观察孩子们在探索中的反应，倾听幼儿的想法，为他们创设丰富的学习环境，准备多样化的材料和工具支持幼儿持续探索。

（二）拥有问题思维，用一个个问题引发幼儿思考

孩子们在探索中可能会遇到许多的问题，这也正是启发他们动脑思考，培养其不怕困难、自己解决问题的好时机。教师要学会提问，用开放式的问题引发孩子们思考，鼓励他们表达想法和感受，通过反馈和鼓励，增强他们的探索欲。

（三）课程要回归幼儿的生活，让传统文化真正走进幼儿的生活

生活即教育。课程不能脱离幼儿的生活，要与孩子们的生活密切相关。中华优秀传统文化是中华文明的智慧结晶和精华所在。将中华优秀传统文化融入幼儿园班本课程中，不仅能丰富幼儿园园本课程，同时能更好地促进幼儿的全面发展。

大班班本课程：与"字"相遇

重庆市九龙坡区实验幼儿园教育集团　彭婷

大班是幼儿升入小学的重要过渡阶段，有效的幼小衔接可以帮助幼儿更快更好地适应小学的生活与学习。幼儿前阅读和前书写能力为幼儿进入小学后的识字、书写奠定了坚实基础。以传统文化为基石，开展班本课程"与'字'相遇"的实践探索，能够激发幼儿对文字的兴趣，全面促进幼儿书面语言和口头语言的发展，在弘扬传统文化的同时，为幼儿做好幼小衔接的准备。

一、课程缘起

中国汉字每一撇每一捺都是一个故事，同音不同字，同字不同音，太多太多的秘密值得我们去探索。将中国汉字融入课程，便生成了班本课程"与'字'相遇"。

假期里，孩子们回家开始学写自己的名字。开学初，我们开展了一次"姓名设计师"的美术活动，孩子们对自己的名字和别人的名字产生了浓厚的兴趣。

幼1："我的名字里，有一个'王'字和你一样。"

幼2："我们名字都有一样的音，可是我们的字为什么不一样呢？"

幼3："我认识的'月'字和你这个'玥'字怎么不一样？"

进入大班之后，幼儿对汉字的兴趣逐渐提升，开始喜欢在自己的绘画作品上写上名字或用一些自己创造的符号和图形来记录所见所闻。汉字是中华文明的载体，是世界上最古老的文字之一，是历经几千年文化发展演变而形成的一种文化符号。汉字不仅是幼儿了解和传承中华优秀传统文化的途径，更是培养他们语言发展、前阅读和前书写技能的重要工具。因此，我们结合《3—6岁儿童学习与发展指南》中关于5—6岁幼儿阅读与书写的建议确定了本次主题活动"与'字'相遇"，围绕"寻、探、知、玩"四个部分开展。

幼儿从生活中的汉字入手，一起"寻·汉字起源"；在"探·汉字奥秘"部分，通过生动的故事和游戏，帮助幼儿了解汉字的由来和演变；在"知·汉字文化"部分，利用信息交互、操作游戏帮助幼儿初步了解汉字的结构、偏旁等，并让幼儿学会书写自己名字，了解姓氏的奥秘；最后在"玩·汉字趣味"中通过丰富有趣的游戏，帮助幼儿巩固对汉字的认知。我们希望用循序渐进的过程、适合幼儿的活动，让孩子们在写写画画的过程中体验文字符号的功能，感受中华传统文化的魅力。

二、课程实施

（一）寻·汉字起源

在这个主题活动中，孩子们想知道：

幼1："老师，汉字是一直都有吗？都是一样的吗？"

幼2："汉字是只有我们中国人用吗？外国人用汉字吗？"

幼3："是谁发明的汉字呢？"

幼4："我的名字也是汉字，我的名字别人也会用吗？"

幼5："汉字为什么有一样的读音？"

幼6："为什么有的名字是四个汉字，还有五个字的？"

从主题开展的那一天开始,孩子们就对汉字产生了极大的兴趣,想去发现、去了解、去探索汉字的奥秘。我们将孩子们的问题和疑惑汇集在一起,逐渐去解开他们心中的谜题。

1. 家庭调查:字的由来

在家长的引导下,孩子们进行了"字的由来"大调查,知道了是谁创造了字,发明了字,最早的字并非字,而是一种符号,那种符号就是汉字最开始的模样。

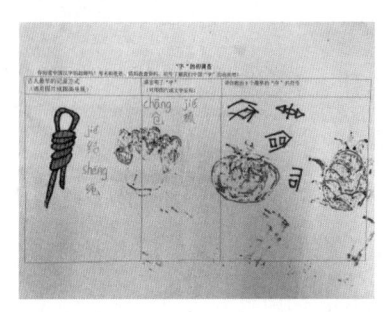

"字的由来"调查活动

2. 科学活动:仓颉造字

在远古时期,人们不会写字,只能靠结绳记事。后来有一个叫仓颉的人,他根据各种物体的样子发明了一种符号,这就是汉字最开始的模样。

绘本《仓颉造字》

孩子们发现的问题:

幼1:"老师,这种记录方式好复杂,很容易搞不清楚吧?"

幼2:"如果事情太多了,怎么知道是哪件事情呢?"

幼3:"如果是我记录的,别人来看怎么知道是记录的什么事情呢?"

师:"你们帮助仓颉找到了结绳记事这么多问题,仓颉当时也发现了这些问题,于是他又发明了象形文字,用画图的方式来记录事情。"

3. 美术活动：我来画汉字符号

孩子们了解了汉字的起源后，对象形文字产生了极大的兴趣。美术活动画什么汉字符号呢？孩子们首先想到了动物，就决定为十二生肖创造属于它们的象形文字。

"我来画汉字符号"活动

4. 益智区活动：象形文字的秘密

在开展了一系列汉字起源的活动后，许多孩子提出了问题。

幼1："仓颉造出了这些符号后把它们画在哪里呢？"

幼2："是用笔写在纸上吗？"

幼3："在很久很久以前是没有笔和纸的吧？"

孩子们纷纷讨论着符号的记录方式，于是我们又继续生成了区域活动"象形字的秘密"。通过收集与分享，孩子们在区域活动中继续去了解象形文字的记录方式。

（二）探·汉字奥秘

1. 语言活动：有趣的象形文字

几幅图、几种符号，便能解读出一个有趣的故事。孩子们通过观察文字符号讲述着一页页、一个个生动的故事，每一字每一句都是他们对象形文字的诠释和理解。

有趣的象形文字

2. 科学活动：象形字与汉字的秘密

孩子们通过活动了解了一些简单的象形文字，并能和现代汉字进行匹配。故事《远方的来信》带孩子们了解到，祖先们用坚硬的工具绘制图画，用图画的形式表示事物，由此形成了一种图画文字，这就是象形文字的由来。孩子们寻找着身边的指示牌，感知其代表的意义，感受现代的象形文字。

幼1："你们看，我在楼梯上找到了脚印图案，脚印的方向在告诉我们行走的方向。"

幼2："我找到了走廊上的安全出口图案，这是表示如果遇到火灾、地震这些灾害，我们要从安全出口逃离。"

幼3："还有洗手的图像，告诉我们怎样正确洗手。"

寻找身边的"象形文字"

师："孩子们行动起来吧，用你们的小眼睛去寻找幼儿园里的'象形文字'，找到了再告诉你身边的好朋友它表达的是什么意思。"

3. 社会活动：字的演变过程

在有趣的视频中，孩子们感受着中国汉字的演变过程：我们的汉字是经过很长时间的演变发展，从最早的图画到象形字，经过数千年的发展，慢慢形成了现在使用的文字。它是我们中国人的骄傲。

汉字的演变

4. 户外游戏活动：身体汉字

孩子们用身体做出各种汉字造型，他们有的独自表现，有的三三两两组合，将汉字融入游戏，在游戏中发现、思考与表现。

身体汉字

5. 语言游戏：抢字卡

"眼睛、鼻子、耳朵……抢！"孩子们通过观察字卡，在游戏中辨别象形文字和现代文字，感受古今文化的魅力和游戏的乐趣，同时锻炼了反应能力和识字能力。

（三）知·汉字文化

文化来源于生活。孩子们生活的环境中会出现各种文字，这些文字有的必不可少，有的给我们的生活带来了便捷，有的是记录，有的是提示……跟着孩子们想了解的内容去看看吧。

1. 社会活动：生活中的汉字

通过图组，引导孩子们初步感受汉字在生活中的作用。中国汉字是地名，是动物的名字，是植物的名字，是小区的名字……中国汉字无处不在，在我们生活中必不可少。

2. 科学活动：姓名大调查

幼1："'绮'是表示美好，'子'表示聪明。"

幼2："我属鸡，'鸣'也是鸡的鸣叫，一鸣惊人的意思。"

幼3："'艺'字就是表示多才多艺。"

幼4："'天'字就是上天的安排。"

"我的名字大调查"

3. 语言活动：百家姓传说

在本活动中，我们引导孩子们了解中国人的姓氏文化，激发孩子们对汉字的兴趣，增强民族自豪感和文化认同感。通过观看视频《百家姓》，孩子们感受到了姓氏的魅力；通过游戏"找找我的姓氏"，孩子们感受到同伴姓氏的不同；通过观察图片，孩子们了解了中国姓氏的数量，认识了单姓和复姓；再通过游戏"单姓复姓大比拼"，对姓氏进行了分类。

4. 音乐活动：《姓氏歌》

幼1："你姓什么？"

幼2："我姓李。"

幼1："什么李？"

幼2："木子李。"

幼3："你姓什么？"

幼4："我姓孙。"

幼3："什么孙？"

幼4："子小孙。"

孩子们在一问一答的唱诵游戏中了解百家姓，感知同伴姓氏的汉字结构特点，同时也加深了对自己姓氏的了解。

5. 美术活动：姓名设计

幼儿尝试利用汉字的笔画结构衍生，结合自己熟悉的事物进行想象添画，体验字画设计的美妙和乐趣，进一步激发对文字创意美术的兴趣。

场景一：说说自己的名字

师："中国文化不断进步，汉字也不断进步，有了汉字，我们每个人才会有一个与众不同的名字。"

场景二：我的名字设计

师："先在纸上写上大大的名字，然后顺着字的笔画向外延伸，把字进行想象变形。可以对形状进行变形，还可以添画生活中的哪些事物呢？你来试试吧。"

场景三：设计师小舞台

幼儿展示自己设计的名字图案，体验成功的喜悦。

姓名设计

6. 语言活动：偏旁的秘密

有的字是左右结构的，有的字是上下结构的，有的字是围起来的，有的字是两个字组成的。为什么是这样呢？

场景一：出示汉字的图片

师："每个汉字身上都有红色的部分，这个部分有个好听的名字叫作偏旁。"

场景二：找一找，配一配

（1）两名幼儿平分卡片，一方按顺序出牌，摆放成一列。

（2）当出现可以和偏旁配对的字时，请幼儿拿出来放在盘子里。

（3）直到手中卡片全都配完。

（四）玩·汉字趣味

汉字的秘密，我们已经了解了许多，感受到汉字的魅力。汉字里还有许多有趣的故事，让我们走进汉字的故事，乐享汉字吧。

1. 语言游戏：词语接龙

在词语接龙的游戏中，孩子们通过自己的积累用游戏的方式探索词汇的魅力。

2. 娱乐游戏：我比你猜

幼儿一人或多人组合，将汉字拼成多个部件，其他幼儿根据部件大胆猜想是什么字。

3. 建筑活动：平行字体

在区域活动中，孩子们用建筑区的各种材料来组合汉字。

幼1："老师你看，我拼成了我的名字。"

幼2："我拼成了一个'山'字。"

三、课程感悟

本次班本课程活动，孩子们从发现生活中的汉字到自主摆出汉字，从一知半解到娓娓道来，他们在玩，在学，在思考。他们在"寻·汉字足迹""探·汉字奥秘""品·汉字魅力"和"玩·汉字乐趣"的过程中，萌发了对汉字的兴趣，不仅关注到汉字的细微差异，还建立了对文字形式和结构的感性认识，从而为以后进入小学阶段顺利学习汉字构字规律和形成自主识字能力奠定了经验基础。

汉字探索是一趟有趣的旅程。孩子们对汉字产生了浓厚的兴趣，感受到汉字的美。孩子们会带着这份好奇心和探索欲迈入即将到来的小学生活，继续去阅读、去书写、去发现汉字中蕴藏的更多文化魅力。

第三章

节庆风俗

节庆风俗

一、主题说明

中华文化,如璀璨星河,闪耀着千年的智慧与魅力。节庆风俗宛如一颗独特的明珠,散发着迷人的光彩。节庆风俗,承载着民族的记忆与情感,是传统文化的生动体现。从古老的节气流转到热闹的节庆时刻,每一个节点都蕴含着深厚的文化内涵。

龙,作为中华民族的象征,在"龙年说'龙'"中展现出非凡的魅力。龙的形象,威武而神秘,代表着勇敢、智慧和力量。无论是传说中的龙,还是龙年的特殊意义,都让我们对中华民族的文化底蕴有了更深刻的认识。

从秋天的金黄到冬天的银白,节气如同大自然的画笔,描绘出一幅幅美丽的画卷。"秋意浓情 节气韵味"让我们在不同的季节里,感受节气带来的变化。我们在节气中感悟生命的轮回,体会人与自然的和谐共生。

通过节庆风俗班本课程,我们不仅能了解节庆由来、传承文化,更能在忙碌的现代生活中找到心灵的寄托。让我们一同走进节庆风俗的世界,感受传统文化的魅力,传承中华民族的文脉,为我们的生活增添更多的色彩与意义。

二、主题目标

1. 了解不同节庆风俗的由来和意义,知道秋分、白露、霜降、立冬等节气特点,知道龙在中国文化中的象征意义。

2. 能用绘画等形式表现龙的形象。

3. 感受节庆风俗带来的欢乐氛围,培养对传统文化的热爱之情,增强民族自豪感。

三、主题内容表

主题名称	年龄段	主题名称	家园共育形式呈现
节庆风俗	中班	龙年说"龙"	调查表:寻找九龙坡区的"龙"
	大班	秋意浓情 节气韵味	1. 家园调查表:"秋分我知道""桂花调查表""我眼中的秋天""柿子的秘密" 2. 亲子体验:制作萝卜糕

中班班本课程：龙年说"龙"

重庆市九龙坡区实验幼儿园教育集团　孙偲

《幼儿园教育指导纲要（试行）》指出："要充分利用社会资源，引导幼儿实际感受祖国文化的丰富与优秀，激发幼儿爱家乡、爱祖国的情感。"陈鹤琴也提出："文化是一代一代的保持和传承，它是一种社会遗传，儿童期是接收文化的关键时期。"《3—6岁儿童学习与发展指南》社会领域中明确提出："知道自己是中国人，运用幼儿喜闻乐见和能够理解的方式激发幼儿爱家乡、爱祖国的情感，激发幼儿的民族自豪感。"

龙是中国神话传说中的神异动物，是中华民族最具代表性的符号之一。我们抓住龙年这一教育契机，引导孩子们深入地了解中国龙。一起来听听孩子们对龙的初印象吧！

一、课程缘起

在过新年的主题活动中，孩子们对十二生肖中的龙表现出浓厚的兴趣，对龙的探索就这样开始了。

媛溪首先提出一个问题："龙是什么样子的呢？我从来都没有看见过龙。"

汤汤说："我在电视上看到过龙。"

心心说："我妈妈带我去旅游，我看见一条很长很长的刻在石头上的龙。"

可好说："我看见过龙的，我和奶奶是在公园看到的。"

带着满心的好奇，孩子们开始问老师，问爸爸妈妈。为了更全面地了解龙，我们做了亲子调查表"关于龙的那些事儿"。龙是中国民间神话中象征勇猛、权威的神物，是古时候人们膜拜的对象，在孩子们心目中本领高强，但是孩子们对龙的那些事并不是很了解。为了让孩子们了解龙文化，我们共同开启了探究中华龙的旅程。

二、课程实施

（一）寻觅龙迹

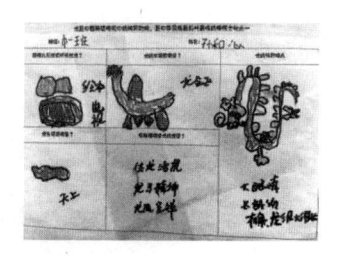

"关于龙的那些事儿"调查表

1. 龙是什么样子的呀？

通过填写调查表、观看图片及视频，孩子们对龙的特征有了初步的了解，讨论着龙的每个部位有什么特征。

萱萱："龙头上的犄角像麋鹿的角。"

如懿："龙的身体像蛇一样弯曲。"

考拉："龙身上的鳞片怎么和小鱼的鳞片一样？"

旭旭："龙的爪子像老鹰。"

瑞瑞："哈哈，它的尾巴还像一团火呢！"

古文记载"龙有九似"，即龙的身体有九个部位与其他动物相似，可见龙的形象是一个综合体，融合了其他动物的特点与精华。其中一种说法是"角似鹿，头似驼，眼似兔，项似蛇，腹似蜃，鳞似鲤，爪似鹰，掌似虎，耳似牛"。龙的形象在不同的文献和传说中有所不同。

2. 为什么版画印不出来龙的样子呢？

在"龙印"版画探索之后，孩子们又有了新的问题。

宇齐："为什么我的龙没有印出来？"

洣儿："我印出来了，我喷水的时候全部都喷均匀了。"

媛溪："我再来试一试。"

孩子们再一次用炫彩棒和水对龙的版画进行了印染。

卓林："我的水是不是太多了？纸都碎掉了。"

宇齐："为什么我的龙印出来还是看不清楚呢？"

兮琪："我觉得是你喷的水太多了，而且要用滚筒轻轻地来回滚动。"

幼儿第一次尝试

幼儿第二次尝试

《3—6岁儿童学习与发展指南》指出,"幼儿对事物的感受和理解不同于成人,他们表达自己认识和情感的方式也有别于成人。"孩子们独特的笔触、动作和语言往往蕴含了丰富的想象和情感,他们通过前期对龙的相关学习,对龙的外形特征积累了相应的经验基础,再通过绘画反复探索,感受着龙印的丰富多彩。

(二)探秘龙印

1. 龙的结构

舞龙俗称舞龙灯,是一种传统民俗文化活动。舞龙源自古人对龙的崇拜,每逢喜庆节日,人们都会舞龙,从春节开始,然后"二月二,龙抬头",端午节时也舞龙。舞龙时,龙跟着绣球做扭、挥、仰、跪、跳、摇等各种动作。以舞龙的方式来祈求平安和丰收成为全国各地的一种民俗文化。为了让孩子们更加了解舞龙,我们一起观看了舞龙表演,在观看的过程中孩子们有了很多感想。

果果:"我以前看过舞龙表演,太好看了。"

一一:"我觉得龙扭来扭去,又有趣又热闹。"

通过欣赏各种各样的龙灯,孩子们了解了龙灯的各种形态,加深了对舞龙灯的理解。龙灯是什么样的?孩子们通过绘画表达出了自己对龙灯的理解,并设计了自己想要制作的龙灯。

幼儿表征

哪种材料制作的龙最适合来舞龙呢？

锴伊："纸、气球、泡沫网，我觉得可以拿来做龙身。"

翰哲："我拿了鸡蛋托，它很像龙的鳞片，可以粘在龙身上。"

齐齐："我用塑料瓶去做龙。"

在不断地探索和尝试中，孩子们逐渐发现了问题。

琪琪："我的泡沫网一摇就瘪下去了，是软的。"

伊伊："老师你快看我的，我的鸡蛋托好像贴多了就很容易掉。"

思颖："我的塑料瓶太窄了，像一条蛇，不像龙。"

于是，我们将所选的材料进行了分类，对于什么样的材料才可以制作龙灯进行了探讨。

经过一番观察与动手操作，大部分的孩子都发现，要选择比较硬、比较大的材料制作龙才合适。孩子们立刻动手操作起来，对龙的身体进行了组装和装饰。

接下来是龙珠，我们打算每组都制作一颗，最后评比选出一颗作为表演的龙珠。到底制作什么样的龙珠，又要用什么材料制作呢？每个小组展开了激烈的讨论。有的小组选择了报纸，有的选择了锡纸，有的选择了橡皮泥……

轩轩："我们要做一颗彩色棒棒糖龙珠。"

梓钰："我们的龙珠好漂亮啊，是红色的。"

跳跳："感觉有点光秃秃的，再去找找有什么东西可以装上去吧。"

孩子们用纸箱制作龙身，将彩纸剪成不同形状，制作龙鳞。在制作龙灯的过程中，他们了解了龙灯是由龙珠、龙头、龙身、龙尾组成的。在制作的过程中，孩子们表现出了积极主动、认真专注的学习品质，并积累了许多经验。

一起制作龙

2. 龙之搭建

经过了前面的探索，孩子们对中国龙产生了浓厚的兴趣。经过讨论与商量，孩子们的决定分成几个小组，分别负责搭建龙头、龙身以及龙尾，然后共同组建一条大龙。孩子们统一达成意见后，开始制作"独一无二"的龙的设计图。

幼儿表征

孩子们利用现有的区角材料进行搭建，不断尝试搭建的方法。龙虽然搭建成功了，但是孩子们发现好像龙是直直的，并不像我们从图片中看到的那样可以弯曲，于是孩子们再进行调整。

锗伊："你搭的这个是蛇吧？"

卓林："我这个不是蛇，是龙。"

彦汐："但是你这个都没有弯曲。"

齐齐："我这个搭建成功啦！可以把身体竖起来搭建，这样可以弯曲，就更像龙啦！"

幼儿搭建"龙"

《3—6岁儿童学习与发展指南》指出，"幼儿具有初步的艺术表现与创造能力"。在这些看似普通的积木搭建活动中，孩子们发挥对龙的想象并展开天马行空的创作，拼搭出独具匠心且与众不同的作品。

在自主探究过程中，孩子们通过拼插、绘画等形式进行大胆创作。作为老师，我提供了隐性的支持，包括材料的支持以及经验的支持，适时地在观察者、欣赏者、支持者的角色中转换，启发孩子们展开想象。基于孩子们对龙保持着的浓厚兴趣，探龙游戏渐渐深入开展。

（三）玩转龙趣

1. 龙的吉祥话

在和爸爸妈妈调查关于龙的秘密中，以及龙的传说和绘本学习中，孩子们知道了一些关于龙的祝福语，并将自己积累的吉祥话故事进行了精彩分享。

"龙的吉祥话"

右右："龙腾四海，龙满人间。"

靖涵："龙腾盛世，喜迎春来。"

左左："龙年渐喜，朝暮有期。"

孩子们通过故事了解到龙是中华民族的图腾，寄托着人们对所有美好的憧憬。人们把龙作为吉祥的化身，并用和龙有关的吉祥话表达祝福，在重要的日子，人们都会祈祷神龙的保佑，祈求风调雨顺、四季丰收。

2. 舞龙体验

孩子们选择自己喜欢的道具和角色进行舞龙初体验，感受舞龙的乐趣。

哲哲："我想当龙头。"

汐汐："我要拿龙珠让龙跟着我跑。"

瑾言："那我当龙尾巴。"

一切就绪，体验开始。孩子们开始了第一次尝试舞龙表演。

支艺霖："我们个子高的站在前面和后面当龙头和龙尾，个子矮的小朋友站在中间。"

幼儿表征

瑾信:"龙头那么大,我想让小男生来举龙头,我喊口号举绣球,这样我们的队形才不会乱。"

萱萱:"我们想让老师来拿绣球,老师帮我们喊'一二一',我们的龙就可以一起甩,不会打结。"

幼儿第一次尝试

经过讨论,孩子们开始了第二次舞龙体验。

果果:"盘龙的时候很容易绕在一起,我们得慢慢练习。"

兮琪:"我们舞龙的队形很少,要多想一些。"

汤汤:"我们的龙差点和旁边的龙撞上。"

孩子们再次想到了解决办法,并画了出来。

幼儿表征

如懿:"盘龙时举着尾巴的小朋友一定要举低,我们的龙头走慢点。"

考拉:"舞的时候,两条龙要保持距离。"

孩子们在讨论中开始设计队形变化。

幼儿第二次尝试

经过一段时间的尝试，孩子们已经掌握舞龙的技巧，将龙舞得活灵活现。

炫吉："我们班舞龙帅呆了，其他班都夸我们舞得好。"小郭："我现在已经会很多舞龙动作了。"轩轩："我看到的舞龙都有音乐的，我们的没有。"一一："还可以加上大鼓，增加气势。"

萌娃舞龙展正式开始啦！

萌娃舞龙

在游戏中，孩子们自己发现问题，再和同伴讨论解决问题，增强了活动的自主性和探索性。教师积极地成为幼儿的倾听者和解读者，帮助幼儿梳理和提炼他们的表达与想法。孩子们对感兴趣的事物进行探究，通过观看视频、绘画的形式提升对舞龙的认知，通过亲身体验激发灵感，促进其自身多元化发展。

三、课程感悟

"龙"终于在大家齐心协力、动脑动手的合作中完美呈现出来。在本次活动中，孩子们的表征习惯较好，在不断试错中，层层深入解决问题。

"龙年说'龙'"的班本课程活动，让我们一直沉浸其中的不仅仅是孩子们在过程中的享受与成长，通过活动的开展，我们还意识到，中国传统文化教育、爱国主义教育还可以这样多维度、沉浸式地让孩子们去体验与感知。在班本课程探索活动中，我们还将区域游戏、社会实践、亲子互动等活动与主题相融合，通过"寻龙—探龙—玩转龙"这一过程，孩子们在自主学习、实际操作、合作游戏中去领悟、感知中国的传统——龙文化，感受到舞龙的热烈氛围和吉祥喜庆的民俗意义，感受节日的快乐、有趣。舞龙不但帮助孩子们了解丰富多样的过年形式，还帮助他们了解中华民族的历史，增强民族认同感与归属感。

大班班本课程：秋意浓情　节气韵味

重庆市九龙坡区实验幼儿园教育集团　孙偲　冉黎

随着秋风渐起，孩子们对自然界的变化产生了浓厚的兴趣。他们开始注意到树叶的变黄、飘落，天空的高远与蔚蓝，以及果实累累的景象。秋天不仅是一个美丽的季节，还是一个充满教育契机的时期。因此，我们决定以"秋意浓情　节气韵味"为主题开展班本课程活动，引导孩子们通过亲身体验和探索，感受秋天的魅力。

一、课程缘起

一天早上，一向怕热的昱林穿了一件长衣服进来。

恬恬："我今天穿的长衣服，洗手的时候要把袖子挽起来。"可可："我也是。"安安："小朋友们都穿的长衣服。"梦洁："那是因为现在太冷了。"

师："孩子们，现在已经是秋分了，会降温。秋分意味着秋季正式来临。"

汐汐："秋分过了是什么节气呢？"吉吉："秋天都有哪些节气呢？"

晨间谈话时，孩子们讨论着生活中与他们息息相关的事情。早晚温差变化，孩子们都穿上了外套，他们感受到了微妙的季节变换。为什么会发生这样的变化呢？原来我们迎来了一个新的季节——秋天。

秋天可以做什么呢？秋天有哪些好玩的、好吃的？秋天里都有哪些节气？孩子们充满了好奇和疑问，带着满满的疑问，大一班展开了"秋意浓情　节气韵味"的探索之旅。

循着孩子们展开的话题，我们在晨谈时查看日历，发现马上就是秋季了。秋季都有哪些节气呢？为了让孩子们更好地了解传统节气秋分，我们根据幼儿的年龄认知特点，通过生动、形象的视频、图片等形式，引导孩子们认识秋的节气特点，了解秋分节气的习俗。

《3—6岁儿童学习与发展指南》指出，"应利用传统节日适当向幼儿介绍我国的传统文化，帮助幼儿感知文化的多样性，深刻了解我国传统文化，激发幼儿的民族自豪感。"依据幼儿对秋分的兴趣，我们预设了课程脉络图，并展开了一系列的活动。

二、课程实施

（一）诗意盎然，落叶知秋

1. 我眼中的秋天

在幼儿园里，孩子们兴高采烈地踏上了寻找"我眼中的秋天"之旅。我们来到操场的黄桷树下。

"哇，看那里，树叶都变黄了。"莹莹兴奋地指着一棵大树说道。诺一："对啊，秋天来了，树叶就会变颜色。"他们围在大树下，仔细观察着飘落的黄叶。

我们又来到屋顶的农场。

在屋顶农场寻找秋天的痕迹

一个眼尖的孩子发现了角落里的几棵果树，上面挂满了果子。"咦，这里有好多果子。""这是秋天的果实吧。""肯定是，秋天会有很多好吃的果子。"孩子们你一言我一语地讨论着。

在农场里发现小虫子

"我还看到了小虫子在爬呢。"一个孩子蹲在草丛边喊道。"秋天，小虫子是不是也要准备过冬啦？"旁边的孩子好奇地问。大家纷纷凑过来观察小虫子的行动。孩子们在幼儿园的各个角落寻找着秋天的痕迹，他们用纯真的眼睛和话语，描绘出了一个个充满童趣的秋日画面。

2. 秋分大调查

佑佑："老师，秋分时为什么树叶会变黄？"可可："秋分来了，我们都要做些什么呢？"一一："婆婆说秋分要竖鸡蛋，我也想玩一玩。"

孩子们对秋分提出了许多疑问，于是，我们开展了"秋分大调查"。

"秋分大调查"调查表

《幼儿园教育指导纲要（试行）》指出，"家庭是幼儿园重要的合作伙伴。"为了解答孩子们关于秋分的一系列疑问，活动前一周，我们将问题罗列出来，发放了"秋分大调查"调查表，让孩子们和爸爸妈妈一起探寻秋分的小秘密。

3. 知秋分

孩子们拿着调查表兴高采烈地讨论着。于是，我们开展了集中教育活动，向幼儿介绍秋分。活动中，孩子们了解到秋分的时间、自然现象变化、习俗等。

（1）吃三分：喝羊汤、吃汤圆、品秋蟹

吃三分

（2）玩三分：读《秋词》、竖鸡蛋、放风筝

玩三分

（3）知三分：雷始收声、蛰虫坯户、水始涸

4.秋天的节气

时间如同白驹过隙，转瞬之间，秋分已悄然过去。然而，孩子们对于秋分的那份好奇与热情似乎依旧在心中涌动。如何延续孩子们的这份浓厚兴趣呢？这成了我们教师需要认真思考的问题。

经过一番探讨与斟酌，我们一致决定再去深入了解秋天里的所有节气，让孩子们继续在秋天的节气世界里遨游，感受大自然的奇妙变化，领略传统文化的独特魅力，进一步激发他们对周围世界的热爱与探索欲望。

了解秋天的节气

首先是立秋，孩子们了解到立秋是秋季的第一个节气，意味着夏天的结束和秋天的开始。孩子们知道，立秋之后天气会逐渐变得凉爽，但有时还会有"秋老虎"，天气又会重新炎热起来。接着是处暑，处暑代表着炎热即将过去。此时，气温开始下降，暑气渐渐消退，秋天的气息越来越浓。白露时节，气温进一步下降，天气转凉，早晨的时候草木上会有露水出现。大自然的奇妙变化让孩子们感受季节的更替。秋分是一个重要的节气，秋分的时候昼夜平分，气候凉爽。秋分里有"吃三分、知三分、玩三分"的活动。寒露到来，有登高、观赏红叶、制作桂花糕等有趣的习俗，最后是霜降，有三候：豺乃祭兽、草木黄落、蛰虫咸俯，还介绍了"吃三霜"，包括白菜、萝卜、柿子等食物。

（二）秋光向晚，遇见寒露

不知不觉又到了寒露时节，伴随寒露而至的是浓浓的秋意。随着气温的变化，我们周围的事物、生活都在悄悄发生着改变。

可好："早上我来幼儿园的时候好冷呀！我都穿了两件衣服。"

诺诺："早晨滑滑梯上也出现了露珠。"

梓钰："好冷呀，早晨来的路上，我的手都冻红了。"

庆庆："现在的天气一天比一天冷……"

孩子们你一言我一语地讨论着秋天的变化。让我们和孩子们一起探寻寒露的秘密吧。

讨论秋天的变化

1. 我眼中的寒露

林林:"什么是寒露呢?"

咪儿:"我知道,寒露就是变冷了。"

左左:"寒露要吃螃蟹。我喜欢吃螃蟹。"

耀耀:"寒露好冷呀,我要穿厚衣服。"

天气逐渐寒冷,早晨的滑滑梯上出现露珠

孩子们对寒露有着不同的认知。咪儿认为寒露是变冷了,耀耀觉得寒露好冷要穿厚衣服,这体现出孩子们能从气温变化的角度感受寒露。而左左提到寒露要吃螃蟹,说明孩子们对寒露的习俗也有一定的了解。孩子们在生活中对节气变化有着直观的感受,我们顺势引导他们更深入地了解寒露的节气特点与习俗文化,丰富他们对自然与传统文化的认知。

2. 寒露知多少

寒露时节的气温会如何变化?我们需要注意什么?孩子们对于寒露节气存在许多疑问。我们将孩子们的疑问进行梳理,制作了"寒露知多少"调查表,让爸爸妈妈带着孩子们一起去发现。

(1) 知寒露

孩子们通过集中教育活动了解到寒露的三候有着独特的意义。一候鸿雁来宾,此时鸿雁排成"一"字或"人"字形的队列大举南迁。大雁南飞,仿佛是大自然在向人们诉说着季节的更替。二候雀入大水为蛤,天气渐冷，雀鸟都不见了，而海边却突然出现很多蛤蜊，古人便认为是雀鸟变成了蛤蜊。三候菊有黄华，此时菊花已普遍开放，黄色的菊花在秋风中摇曳生姿，为寒露时节增添了一抹亮丽的色彩。孩子们在了解寒露三候的过程中，不仅增长了知识，更感受到了大自然的神奇与美妙。

（2）寒露习俗

登高 　　　　　　　　　　　观赏红叶

（3）品寒露

孩子们开启了一场美妙的秋日味蕾之旅。孩子们围坐在一起，品尝着寒露时节特有的美食。一杯杯清香四溢的菊花茶，淡黄色的茶汤在透明的杯子中散发着淡淡的芬芳。孩子们轻轻抿上一口，感受着菊花的清甜在舌尖散开，那股温暖从口中一直蔓延到心底。

教师介绍菊花茶 　　　　　　　　闻菊花茶味道

品菊花茶

接着，一块块精致的桂花糕被端了上来。桂花糕色泽金黄，散发着浓郁的桂花香气。孩子们小心翼翼地拿起一块，放入口中细细品尝。软糯的口感，甜蜜的味道，让孩子们的脸上露出了满足的笑容。那桂花的香气仿佛把他们带到了开满桂花的树下，感受着秋天的浪漫。

还有那香甜可口的红薯干。先把红薯洗得干干净净的，圆滚滚的红薯像一个个小娃娃，排着队跳进水里洗澡，洗好的红薯乖巧地躺在盘子里。接着，我带着孩子们将切好的红薯送进蒸锅。在蒸锅里，红薯在热气中慢慢变熟，整个屋子都弥漫着香甜的味道。孩子们围在蒸锅旁，小鼻子使劲儿嗅着，眼睛里满是期待。

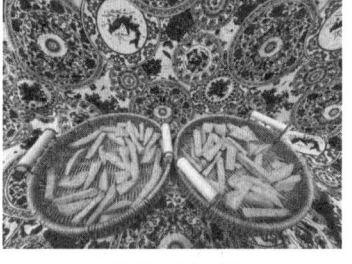

蒸熟的红薯

蒸熟后的红薯变得软软的、糯糯的，就像一根根金色的小棒槌。

晒干红薯

最后，这些红薯条被放在通风有阳光的地方晾晒。孩子们每天都会去看看红薯干的变化，看着它们一点点失去水分，颜色变得更深，也更有嚼劲。

吃红薯干

在孩子们的满心期待中,香甜美味的红薯干终于制作完成啦!经过晾晒后的红薯干保留了红薯的香甜,还多了嚼劲。孩子们一边吃着红薯干,一边分享着自己的感受,教室里充满了欢声笑语。

在"品寒露"的过程中,孩子们不仅品尝到了美味的食物,更感受到了寒露这个节气所带来的独特韵味。他们通过品尝美食,对寒露有了更深刻的认识和理解,也更加热爱这个充满诗意的节气。

(4)玩寒露

在寒露时节,孩子们尽情地投入各种有趣的"玩寒露"活动中。

孩子们来到户外,在秋高气爽的天气里进行一场别开生面的寻宝游戏。他们根据老师给出的线索,寻找着与寒露有关的物品,比如红色的枫叶、黄色的菊花等。每当找到一个目标物品,孩子们就会兴奋地欢呼起来,仿佛发现了宝藏一般。

接着,孩子们又玩起了"模仿候鸟南飞"的游戏。他们排成一列,像鸿雁一样挥动着双臂,模拟着候鸟南迁的场景。在这个过程中,孩子们不仅体会到了候鸟迁徙的艰辛,也对大自然的规律有了更深刻的认识。

绘画寒露美景

回到教室后,孩子们还用彩笔绘制出自己心中的寒露美景。有的孩子画了满山的红叶,有的孩子画了金黄的稻田,还有的孩子画了正在制作桂花糕的小朋友们。他们用丰富的色彩和生动的画面,展现出了寒露时节的独特魅力。

在"玩寒露"的过程中,孩子们充分感受到了寒露这个节气的乐趣和美好,也在游戏中学习到了更多关于寒露的知识和文化。

(三)感知深秋,童韵霜降

一觉醒来,地上以及花草树木之上都覆盖着一层白白的霜,这份仿佛从天而降的"礼物"使得孩子们兴奋不已,面对此景,他们满是好奇。

师:"孩子们,这些是霜哦。最近霜降到了,你们知道什么是霜降吗?"

伊伊:"我觉得霜降会开满花,而且树叶会变黄,一片片掉下来。"

哲哲："霜降是不是下雪呀？"

林林："啊，不会吧，重庆从来不下雪。"

1. 知三霜

为促进孩子们对霜降的了解，我们开启了一场关于霜降的认识之旅。

了解霜降三候

首先，我们带领孩子们了解霜降的三候。一候豺乃祭兽，此时豺狼开始捕获猎物，并将猎物整齐陈列起来，恰似人类举行祭祀活动一般。孩子们对动物的这种奇特行为充满了好奇。二候草木黄落，伴随霜降的来临，天气愈发寒冷，草木逐渐枯黄，树叶纷纷飘落。孩子们能够亲眼观察到校园里树木的变化，切实感受大自然的季节更替。三候蛰虫咸俯，天气寒冷，蛰居的虫子都进入了冬眠状态。孩子们由此了解到小动物们为适应季节变化而做出的生存选择。

了解霜降三候，充分满足了幼儿对自然现象的认知需求，极大地激发了他们的观察兴趣。孩子们通过观察动物行为、草木变化以及虫子冬眠，直观地感受大自然的规律，既培养了观察力，又增强了对自然的敬畏之情，有助于其科学素养和情感的发展。同时，也让他们更加珍惜不同季节所带来的独特体验。

2. 吃三霜

"吃三霜"引领孩子们领略霜降时节的独特美食。

（1）萝卜美食

在"吃三霜"的讨论中，孩子们提到了萝卜，对萝卜的生长过程充满好奇。于是，我们决定开展萝卜种植活动，让孩子们亲身体验种植的乐趣。

提出问题：

第一，萝卜种子是什么样子的？孩子们拿到萝卜种子后，发现种子非常小，且颜色各异。有的孩子问道："这么小的种子能长出大萝卜吗？"

第二，萝卜应该种在哪里？孩子们对于种植萝卜的地点产生了分歧。有的说种在花盆里，有的说种在花园里，还有的说种在教室里。

第三，萝卜需要浇水吗？浇多少水合适？孩子们知道植物需要浇水才能生长，但对于萝卜需要浇多少水却不清楚。有的孩子担心浇多了水会把萝卜淹死，有的孩子又担心水浇少了萝卜长不大。

解决问题：

第一，孩子们考察了不同的种植地点，最终选择了花园作为种植萝卜的地方。孩子们一起动手，清理土地，翻土，施肥，为萝卜的生长做好准备。

清理土地

第二，关于萝卜生长需要多少水的问题，我们请孩子们每天观察萝卜的生长情况，并记录浇水的量。经过一段时间的实践，孩子们发现萝卜需要适量的水，不能太多也不能太少。如果土壤表面干燥了，就需要浇水，但不能让水淹没萝卜的根部。

记录萝卜生长

准备就绪后，我们一起来到农场种萝卜。

种植萝卜：孩子们小心翼翼地将萝卜种子撒在土壤里，然后轻轻地盖上一层土。我提醒孩子们要注意保持土壤的湿润，等待种子发芽。

观察萝卜生长：孩子们每天都会去花园观察萝卜的生长情况。他们会记录萝卜的发芽时间、叶子的生长情况等。在观察的过程中，孩子们还会提出各种问题，我会及时给予解答。

收获萝卜：经过一段时间的等待，萝卜终于成熟了。孩子们兴高采烈地来到花园，一起收获萝卜。他们亲手拔出萝卜，感受着收获的喜悦。

萝卜可以做出什么呢？孩子们大胆地提出自己的想法，有的说制作成腌萝卜，有的说制作成萝卜干，还有的说制作成萝卜糕。于是，我们决定将收获的萝卜制作成各种萝卜美食。

首先是腌萝卜，孩子们好奇地摸一摸、闻一闻萝卜。大家迫不及待地卷起袖子一起动手洗萝卜。小手搓呀搓，把萝卜洗得干干净净。接着，要切萝卜啦！我小心翼翼地用刀把萝卜切成一小片一小片的，小朋友们眼睛睁得大大的，看着萝卜在老师手中变成了薄片，都发出惊叹声。然后，孩子们给切好的萝卜片撒上亮晶晶的盐，轻轻地搅拌，让每一片萝卜都裹上盐。

切萝卜

之后，孩子们把萝卜片整齐地码进密封罐里，再倒入一些糖醋水，酸甜的味道弥漫在空气中。

在密封罐中加入糖醋水

最后，盖紧瓶盖，漂亮的腌萝卜就制作完成啦！孩子们看着自己亲手做的腌萝卜，脸上洋溢着自豪的笑容，心里别提多开心，都盼着能早日品尝到这美味呢。

萝卜腌好了

看着桌子上还剩了一些萝卜丁，孩子们提议拿来做萝卜干。在老师的引导下，他们的小手拿起盐，小心翼翼地撒在萝卜块上，又轻轻搅拌起来，仿佛在进行一场神奇的魔法仪式。孩子们闻着香喷喷的萝卜干，脸上洋溢着自豪与欢乐，还迫不及待地想要把自己亲手制作的萝卜干和小伙伴分享呢。

制作萝卜干

当然还少不了制作美味的萝卜糕。先把萝卜洗得白白净净的。

清洗萝卜

再把切好的萝卜放进榨汁机里。

将萝卜榨成汁

将榨好的萝卜汁放入锅中煮沸,并加入玉米淀粉。

煮萝卜汁

萝卜糕软软的、甜甜的,太美味了。

品尝萝卜糕

(2)柿饼

秋末冬初,柿子红透了,正是制作柿饼的好时节。在幼儿园的小院子里,老师带着孩子们开启了一场甜蜜的柿饼制作之旅。

孩子们洗净小手,围坐在一起,桌上摆满了圆滚滚、黄澄澄的柿子。先拿起一个柿子,轻轻地削去柿子光滑的外皮,就像给柿子脱下一件薄薄的外套。接着,孩子们拿起小刀,小心翼翼地切开柿子。虽然小手还有些稚嫩,但他们专注极了,努力不把柿子皮削破。

洗柿子 　　　　　　　切柿子

削好皮的柿子装进篮子里，放在通风的地方。孩子们看着自己的劳动成果，小脸蛋上满是自豪的笑容。在接下来的日子里，孩子们每天都会去看看那些柿子的变化。原本饱满的柿子渐渐变得干瘪，表面也蒙上了一层白白的糖霜，就像被施了魔法一样。

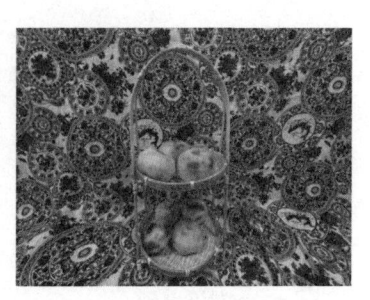

晒柿子

当柿饼终于制作完成，孩子们迫不及待地品尝着自己亲手做的美味，香甜的滋味在舌尖散开，他们开心地欢呼起来。这个小小的柿饼制作活动，不仅让孩子们体验到了劳动的乐趣，也让他们感受到了大自然馈赠的甜蜜。

品尝柿饼

通过"吃三霜"的活动，孩子们不仅品尝到了美味的食物，还了解了这些食物在霜降时节的特点和营养价值，培养了健康的饮食习惯。

3.话三霜

（1）诵经典

村夜

白居易

霜草苍苍虫切切，

村南村北行人绝。

独出前门望野田,

月明荞麦花如雪。

诵经典

（2）诵谚语

霜降见霜，米谷满仓。

霜降降霜始（早霜），来年谷雨止（晚霜）。

霜降前降霜，挑米如挑糠；霜降后降霜，稻谷打满仓。

4.玩三霜

孩子们拿起画笔，仔细观察柿子的颜色、形状。红彤彤的柿子像一个个小灯笼，孩子们用鲜艳的色彩将柿子描绘得栩栩如生。在绘画的过程中，他们不仅锻炼了手部的精细动作，还提升了对色彩的感知能力。

美术活动：柿子果篮

萝卜有着各种形状，有的长长的，有的圆圆的。孩子们发挥自己的想象力，用彩笔勾勒出不同形态的萝卜。他们给萝卜涂上丰富的颜色，让画作充满了生命力。通过画萝卜，孩子们进一步了解了萝卜的特点，同时也提高了自己的艺术表现力。

三、课程感悟

本次"秋意浓情 节气韵味"班本课程以孩子们的兴趣为出发点，通过对秋天节气的探索，孩子们在亲身体验和实践中感受自然的变化，领略传统文化的魅力。

在课程实施过程中，孩子们积极参与讨论、调查等，不仅增长了知识，还提高了动手能力、创造力和团队协作能力。从寻找秋天的痕迹到了解各个节气的特点和习俗，从制作美食到绘画写生，孩子们在丰富多彩的活动中充分发挥了自己的主动性和创造性。

同时，课程也注重家园合作，通过家庭问卷等形式让家长参与到孩子们的学习过程中，共同促进孩子们的成长。此外，课程还培养了孩子们对大自然的热爱和敬畏之情，增强了他们的环保意识和文化认同感。

总之，本次课程活动是一次富有意义的探索之旅，为孩子们的成长提供了丰富的知识和广阔的空间。

第四章

传统饮食

传统饮食

一、主题说明

中华优秀传统文化是中华文明的智慧结晶和精华所在，是中华民族的根和魂，是我们在世界文化激荡中站稳脚跟的根基，弘扬中华优秀传统文化是实现中国梦的力量源泉。"百年人生，立于幼学。"在幼儿园进行中华优秀传统文化教育，对于培养中华优秀传统文化的继承者和弘扬者，推动文化传承创新，建设社会主义先进文化具有积极作用。

在浩瀚的中华文明长河中，饮食文化如同一颗璀璨的明珠，闪耀着独特的光芒。它不仅是人们日常生活中不可或缺的一部分，更是中华传统文化的重要载体和表现形式。中国传统饮食文化的核心理念是"以味为核心，以养为目的"，有着"四季有别、讲究美感、饮食文化情怀、食医健康"的特点，深刻体现了中华民族对美食的热爱与追求，以及对健康的关注和呵护。在幼儿园饮食文化教育中，引导幼儿了解丰富的饮食知识、技巧以及人文情感，对于培养幼儿的文化认同感、审美观念和健康生活习惯具有重要意义。

《完善中华优秀传统文化教育指导纲要》指出，"低龄教育以培育学生对中华优秀传统文化的亲切感为重点，开展启蒙教育，培养学生热爱中华优秀传统文化的感情。"

在教育实践中，以中华优秀传统饮食文化为依据，以传统美食为载体，以多元化的美食与实践制作为表现形式，融合美食文化、符号表征、教育滋养心灵为一体，通过多姿多彩的美食学习、分享、制作、创新，为幼儿深入地感知与体验、表现与创造美食以及探寻传统饮食文化提供了可能，从而实现了饮食文化传承与幼儿自主体验美食世界之目的。

在新时代教育高质量发展的背景下，将传统饮食文化融入幼儿园班本课程，对弘扬中国传统文化之传统饮食来说是一项重要而有意义的工作。以文化的弘扬作为价值导向，采用班本课程形式引领课程创新，以"文化之美"的理念引领实现"五彩之美"园本教育课程的价值，彰显了"追求卓越 精益求精"的时代精神。

二、主题目标

1. 了解我国丰富多彩的传统饮食文化，知道基本的烹饪技巧、节日特色美食以及历史渊源。
2. 尝试简单的传统烹饪技巧，并尝试创作出新口味的传统美食。
3. 厚植中华传统饮食文化底蕴，增强民族自豪感。

三、主题内容表

主题名称	年龄段	主题名称	家园共育形式呈现
传统饮食	中班	好吃的面食	1. 家园调查表"寻找面食"。 2. 亲子大课堂：和家长一起制作面食
	大班	酒香沁人脾	1. 亲子寻找酒瓶 2. 亲子绘制酿酒的步骤图

中班班本课程：好吃的面食

重庆市九龙坡区实验幼儿园教育集团　杜娟　叶连花

面粉对于幼儿来说既熟悉又陌生，他们在生活中常常会吃到面食，但对面食的原材料——面粉却很少接触。《3—6岁儿童学习与发展指南》提出，贴近幼儿生活来选择幼儿感兴趣的事物和问题，有利于拓展幼儿的经验和视野。孩子们在看面食、知面食、做面食、尝面食等系列活动中，自主观察、探索发现面团变化的奥秘，了解面食的主要特征，尝试运用多种方式分享表达自己对面食的认识，进一步萌发了对中国传统面食的喜爱。

一、课程缘起

一次，早餐吃花卷时，班里部分孩子讨论了起来。悠悠："今天吃的花卷好像是草莓味的，我最喜欢了。"阳阳："我也喜欢吃，我还喜欢吃馒头。"小予："我也喜欢吃馒头，我吃过绿色的馒头卷。"抓住孩子们感兴趣的话题，我们在晨间开展了"面食是怎么来的"的谈话活动。孩子们提出了许多疑问："馒头是用什么做的？馒头是用面包做的吗？馒头是用面粉做出来的吗？像我们捏黏土一样吗？面粉是什么样子呢？面粉是怎么来的呢？"

带着疑问，我们开始了探究之路，生成了班本课程"好吃的面食"。

二、课程实施

（一）趣探面粉

1. 初识面粉

首先我们开展了社会活动"面粉是怎么来的"，孩子们通过多种感官来感知面粉，在闻一闻、摸一摸、尝一尝、玩一玩中，他们知道了面粉白白的，闻起来有点香香的，摸起来软软的，感觉又细又软，轻轻一吹就会飘起来，尝起来又好像没有什么味道。

摸一摸：面粉又软又细

闻一闻：面粉有点香香的

尝一尝：面粉好像没有味道

玩一玩：轻轻一吹，面粉到处飞

大家还通过视频了解到原来面粉是用小麦做成的，成熟的麦粒经过加工，磨成粉末，就成为细细白白的面粉啦！

科学活动：面粉的由来

我们开展了谈话活动"面粉像什么呢"。孩子们畅所欲言，发挥着自己的想象力。

"面粉有点像天上飘落下来的雪花。"

"面粉和盐有点像。"

"面粉有点像妈妈的化妆品。"

……

面粉除了可以做成馒头,还可以做成什么呢?带着疑问,孩子们回家和爸爸妈妈一起到超市寻找面粉,在生活中寻找面食。通过调查,他们对面粉有了更丰富的认识,知道了面粉从哪里来,面粉还能做出好吃的面包、汉堡、饺子等等。

亲子调查活动:寻找面粉的秘密

2. 面粉成团记

了解了面粉的由来,接下来我们一起探索面粉到底是如何成团的。孩子们进行了试验操作。

(1)第一次探索

第一次尝试面粉成团,可是怎么总是黏黏的,捏不出面团

第一次探索后,孩子们有些疑惑:"面粉为什么会一直粘在手上,没有办法变成面团呢?"还一起讨论:"可能是因为水加得太多了,面粉就会黏不起来。""还有可能是因为面粉不够多,它就会一直黏黏的。"

孩子们通过图片和视频了解到,"水和面粉要刚刚好才能成团。""可怎样才算刚刚好呢?成功的面团到底长什么样呢？"带着问题，孩子们进行了第二次探索。

（2）第二次探索

在第二次的探索中，孩子们又发现："本来面团黏黏的，加了面粉以后变得太干了，都不知道到底要加多少。"这时，同伴们给出了一个建议："我来帮你数一数你加了几次面粉、几次水吧。"

在第二次探索中，孩子们发现，水和面粉要成比例，于是边探索边记录

（3）第三次探索

经过反复试验和反复讨论，大家都发现了记录这一科学的探索方式，还发现了面粉最终变成面团的秘密是需要两勺半的面粉加一勺水。孩子们就此获得了成就感，体验了成功，也为接下来的面塑活动积累了和面的前期经验。

在第三次的探索中，孩子们根据自己的记录来探索、发现面粉成团的秘密

（二）小小面食家

面粉到底是怎么做出这些好吃的面食的呢？孩子们对此十分感兴趣，开心地交流着：

"我外婆会做蘑菇形状的馒头，好吃又好看。"

"我和妈妈一起做的小白兔馒头也好吃。"

"不如我们都变身为小小面食家，一起做好吃的馒头。"

"我们可以请家长来幼儿园，教我们怎么做馒头。"

尊重孩子们的想法和意愿，我们邀请了瑜予婆婆、耕黎外婆、夏梦妈妈到幼儿园和孩子们一起制作馒头。

在手工活动"小小面食家"中，家长们从怎样和面、怎样做夹心味道、怎样造型、怎样制作彩色的馒头几个方面进行了分享和示范，孩子们兴致勃勃，跃跃欲试。

家长们从怎样和面、怎样做夹心味道、怎样造型、怎样制作彩色的馒头示范讲解

小小面食家们亲自动手操作起来啦！和面、搓面、放夹心、做各种各样的造型，然后放进蒸锅里耐心等待，约20分钟后馒头终于出锅啦！美味的馒头真好吃，一起来品尝吧！

我们都是小小面点师

美味的馒头真好吃

（三）面粉真好玩

面粉除了可以做成美味的食物，还可以拿来干什么呢？通过家园联动，孩子们了解并亲自动手制作出了一幅幅好看的作品，有面粉影子画、面人……

美术活动：运动员

美术活动：面粉影子画

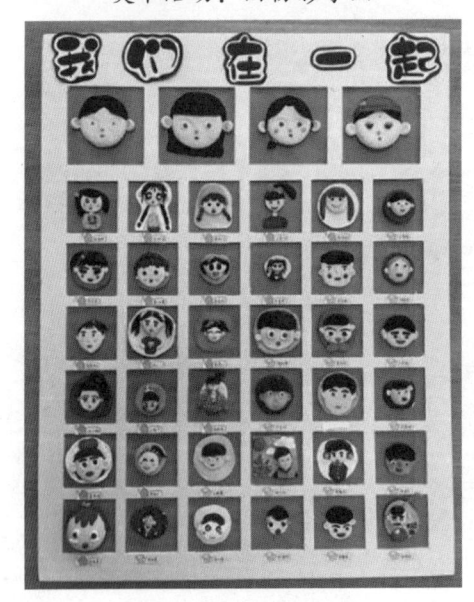

美术活动：我们在一起

重庆的特色面食有哪些呢？孩子们通过调查了解到有豌杂面、重庆小面等。"所有的粮食都来之不易，我们该怎么做？"大家讨论着："要珍惜粮食，不浪费，要把饭和菜吃完，我们要光盘行动。"

珍惜粮食，光盘行动

三、课程感悟

（一）多领域结合开展主题活动

在班本课程"好吃的面食"里，我们重视与其他多领域学科进行结合，比如语言、美术等，让孩子们在看面食、知面食、做面食、尝面食等系列活动中，自主观察、探索发现面团变化的奥秘，感知食品的重量和体积，理解数学与生活的联系，了解面食的主要特征，尝试运用多种方式表达、表现自己对面食的认识，并在发现、交流、分享中感受面食给人们带来的浓浓的年味，进一步萌发孩子们对传统面食的喜爱。

（二）自身学习能力的提高

在探索发现面团的形成与水量有关的过程中，孩子们不断尝试，不断总结，最后用记录的方式发现面粉用量与水用量之间的关系，探索出了面粉成面团的秘密。同时，孩子们逐渐掌握面团的制作方法和和面的技巧，进一步培养了动手能力和协作能力，提高了学习能力和自信心。

（三）促进了亲子关系

亲子活动的开展让家长与孩子之间的关系变得更加亲密。孩子们在与父母等家人一起探寻"面粉的秘密""制作面食"的过程中，感受到了亲人之间的温暖和爱，从而更加爱自己的家人。

（四）激发了幼儿的探索兴趣

"好吃的面食"这一班本课程激发了孩子们对于面粉的好奇心和探索精神，帮助他们更好地认识食材、烹饪与生活，让孩子们从中获得乐趣和愉悦。

大班班本课程：酒香沁人脾

重庆市九龙坡区实验幼儿园教育集团　罗佳欣　周敏

在中华传统文化的历史长河中，酒文化以其独特的魅力穿越时空，成为连接人与人情感的桥梁，它不仅是中国饮食文化的重要组成部分，也是中国传统文化的重要载体和精神象征。当这份深厚的文化底蕴与孩子们纯真好奇的心灵相遇，又会碰撞出怎样的火花呢？

一、课程缘起

故事的起点是一次周末趣事的分享。有个孩子在班级里讲述了自己周末目睹爸爸被查酒驾的经历，这次特别的经历如同一颗石子投入平静的湖面，激起了层层涟漪。孩子们开始热烈讨论："为什么要查酒驾？""酒到底是什么？""小朋友能不能喝酒？""酒有什么作用？"于是我和孩子们一起走进酒文化的世界，让孩子们在体验中学习，在探索中成长，丰富他们对酒文化的理解以及对传统文化的热爱与传承。

二、课程实施

（一）阶段一：酒遇

在这一阶段，孩子们到生活中去寻找各种各样的酒瓶，了解酒的种类、酒瓶上数字的含义，对酒有了初步的认识。

1.我找到的酒瓶——酒瓶初分享

从哪里开始了解酒呢？孩子们第一个想到的就是酒瓶，于是孩子们在家中、超市中找到各种各样的酒瓶后进行观察。孩子们惊奇地发现每一种酒瓶都不一样，上面有各种各样的数字、图样，他们在班级做分享，讲述着自己的新发现。孩子们通过酒瓶分享活动对酒的度数、类型、酒瓶的外形特征有了初步的了解。

孩子们分享自己带来的酒瓶

孩子们的调查记录表

在第一次分享中,我发现孩子们的记录表上画了很多内容,但是在分享的时候思路却不清晰、比较杂乱。所以,我决定和孩子们对酒瓶进行二次讨论和分享,重点放在酒瓶的外形特性、酒的原材料、酒的种类、酒的度数以及酒瓶的容量上。

2. 酒瓶的秘密——酒瓶再探讨

为深化孩子们对酒瓶上图形和数字的认知,老师设计了"酒瓶的秘密"调查表。这项活动鼓励每位孩子以自带的酒瓶为探索对象,发现不同酒瓶的不同秘密。孩子们通过观察酒瓶的外形特征来辨识不同类型的酒:红酒瓶有高耸的肩部、笔直的瓶壁和流线型瓶身;而白酒瓶则形态各异,有的圆润,有的方正,展现了多样的美学风格。

此外,孩子们还细致观察酒瓶上的图案,以此辨别酒的原料。他们学会了区分以谷物(如小麦、大麦、高粱)为基础酿造的酒与以水果(如葡萄、苹果、樱桃)为原料的酒,这一发现过程不仅丰富了他们的知识,也激发了他们对自然食材与酿造工艺的好奇心。

活动中,教师还引导孩子们学习了酒的度数单位的含义,这一知识点帮助孩子们理解了酒精浓度的概念。同时，孩子们也对容量单位"毫升"有了更加直观和深刻的认识，这为他们日常生活中的量度应用打下了基础。教师始终从孩子们的基础认知以及他们的最近发展区出发，力求筛选出既有趣味性又具有教育价值的知识点。

通过这样的活动设计，孩子们的认知从最初的散乱逐渐走向集中，他们不仅学到了关于酒的相关知识，还学会了如何运用观察、比较、分析等方法去探究问题，培养了自主学习的能力和探究精神。

孩子们对酒瓶进行二次观察

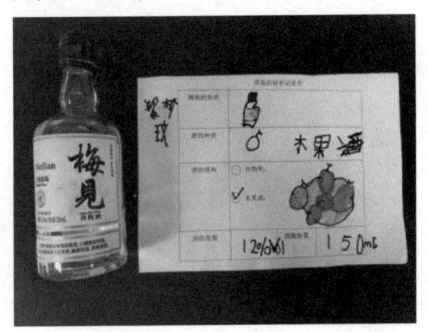

"酒瓶的秘密"观察记录表

（二）阶段二：酒韵

在这一阶段，孩子们对酒的探索更深、更广，他们从酒的礼仪、与酒相关的动人故事、流传千古的古诗、趣味横生的科学小实验、创意无限的绘画创作、寓教于乐的游戏、激烈的辩论赛等多个活动中，全方位、多角度地丰富了对酒的认知与理解。

1.酒中礼

经过第一阶段的认识和发现，孩子们对现代的酒已经有了初步的认识，有的孩子问道："古时候也有酒吗？古时候的人又是如何饮酒的呢？"于是我们从"酒"字的由来出发，向孩子们讲述中国的酒文化，孩子们能够直观地感受到酒与古代人类生活的紧密联系。

孩子们以情景表演的方式感受故事"武松打虎"的有趣，以故事讲述的方式再现宾主之礼、座次之礼、敬酒之礼等，体味到酒文化中人与人之间的尊重、和谐以及中国人自律的精神。

"酒"字的由来　　　　　　　　　"武松打虎"故事表演

2. 酒中诗

在中国，酒不仅是一种饮品，也是诗词歌赋的灵感源泉，是文人墨客抒发情感、交流思想的媒介，还是社交礼仪、节日庆典中不可或缺的角色。从"对酒当歌，人生几何"的豪情壮志，到"明月几时有，把酒问青天"的思乡之情，孩子们在古诗中和诗人对话，与诗人共情。

3. 酒中画

在了解"女儿红"的故事后，孩子们也想埋下属于自己的那一坛酒。一幅融合了传统酒文化与纯真童心童趣的作品跃然纸上。这一坛坛令人垂涎欲滴的好酒，配上孩子们设计的造型别致的酒杯、酒瓶，仿佛每一杯盛满的不仅是酒香，还有孩子们对酒文化的传承与美好期望。

孩子们正在创作《一坛好酒》

4. 酒中玩

在探索与体验传统酒文化的过程中，孩子们不仅能够通过艺术创作来表达对酒的想象与理解，还能通过一系列趣味横生的游戏，进一步感受酒文化的魅力与乐趣。"套酒瓶"游戏便是一个融合了传统与现代趣味、能锻炼孩子套圈技能和手眼协调能力的游戏。

孩子们正在玩"套酒瓶"游戏

5. 酒中说

孩子们围绕着"酒，好还是不好？"这一主题展开思考与讨论，开展了一场别开生面的"小小辩论赛"，这不仅能锻炼他们的逻辑思维与表达能力，还能让他们形成批判性思维，理解"酒"的双面性。孩子们自发地选择"正""反"两方，通过讨论、总结、绘画记录、自由辩论等环节充分地表明观点，展示论据，他们不仅能够准确地指出对方观点中的漏洞，还能够巧妙地运用自己收集到的论据进行辩论。

孩子们正在进行辩论赛

6. 酒中探

孩子们对酒不局限于口头上的了解，还深入地进行了一系列的科学探索，从酒泡泡到神秘的酒曲，每一次科学实验操作中都包含着孩子们的观察与理解、探索与发现。

酒泡泡的秘密：孩子们首先注意到了酒中的泡泡。他们用透明的容器装上不同类型的酒，并仔细观察酒倒进杯子中时产生的泡泡的形状、大小和持续时间。通过简单的实验，他们发现不同种类的酒泡泡形态各异，有的细腻而持久，有的则大而短暂。通过对比实验和操作记录，他们发现酒泡泡和酒中的二氧化碳有关。

孩子们正在做酒泡泡的实验

酒曲的秘密：孩子们了解到，酒曲是酿酒过程中不可或缺的要素，它含有多种微生物，能够发酵糖类，产生酒精和二氧化碳。孩子们不仅了解了发酵原理，还深刻体会到了传统酿酒技艺的魅力与智慧。

多维度、跨学科的学习旨在为孩子们创造一个开放、互动的学习环境，教师则需要为孩子们提供足够的认知支持、物质支持，让他们在探索中发现、在学习中成长。通过这一阶段的学习，孩子们不仅丰富了对酒文化的认知，还在情感、艺术、语言、逻辑和科学等多方面得到了发展。

（三）阶段三：酒酿

孩子们对传统的酒酿工艺有着强烈的好奇心，于是踏上了一场酒酿之旅。

1. 酒酿准备时：寻找材料，了解步骤

孩子们利用周末的时光和家长一起查找资料，寻找制作酒酿的各类材料，厘清制作酒酿的步骤，并带到幼儿园进行分享。

孩子讲解自己带来的工具和画的步骤

孩子们发现制作酒酿需要糯米、蒸布、蒸笼、酒曲等工具和材料，制作的步骤是清洗糯米、蒸熟糯米、拌酒曲、挖洞、保温储存。但是在保温储存这个步骤上，孩子们收集到的信息不一致，有的孩子了解到的保温条件是20度，有的孩子了解到的是15度。面对不同的信息，孩子们没有立刻做出甄别，他们决定在实践中操作，得出真知。

在这个过程中，孩子们学会了信息的收集、整理、甄别。这种信息的搜集与初步整合能力，对于培养他们的自主学习能力和信息素养至关重要。在本次活动中，孩子们就遇到了保温储存温度不一的困惑。他们没有盲目相信某一信息源，而是决定在实践中寻找答案，通过亲自操作来验证信息的真实性。

2.酒酿进行时：动手实践，初遇挑战

孩子们按照总结、梳理出的步骤获得了酒酿初体验。

第一步，清洗、浸泡糯米。

孩子们小心翼翼地清洗着糯米，生怕遗漏一粒米。他们轮流搅拌，确保每一粒米都干净。

孩子们清洗糯米

第二步，蒸熟、晾凉糯米。

清洗完糯米后，孩子们将它们小心地铺在蒸布上，等待蒸熟。怎么判断糯米是否蒸好了呢？孩子们用手指去捏了捏，发现糯米已经从硬硬的变成黏糊糊的啦。

孩子们蒸米

第三步，拌酒曲。

接下来便是将酒曲倒入糯米中，搅拌均匀。

孩子们拌酒曲

第四步,装罐、挖酒窝。

孩子们将糯米装进自己的罐子中,并用勺子在中间挖出一个小酒窝,期待着酒液能在这里聚集。

孩子们将糯米装罐、挖酒窝

第五步,保温发酵。

如何保温发酵呢?孩子们想到了为罐子穿上厚厚的衣服,用被子为它保温。

孩子们用被子保温酒酿

在这个阶段,孩子们按部就班地制作酒酿,忽视了许多细节,但教师没有干预孩子们的操作,而是在一旁默默观察、记录,以便为孩子们的二次尝试提供支持。

3. 酒酿遇挫时：酒酿失败，反思重试

第一天、第二天、第三天……孩子们每天都在观察着酒酿的变化。在第四天时，有孩子惊奇地发现糯米的上方出现了黑色的、毛茸茸的东西，孩子们一致认为是糯米发霉了；此外，孩子们还发现有些罐子一点水都没有出，看起来干巴巴的；还发现有些糯米是黑黑的，没有完全洗干净……

孩子们失败的酒酿

然而，面对初次尝试的失败，孩子们并未显露丝毫气馁之态。他们迅速调整心态，转而投入失败原因分析之中。在主动寻求厨师爷爷的宝贵意见后，一系列导致酒酿失败的关键因素逐渐浮出水面：糯米清洗不够彻底；晾凉过程中的温度控制不均；酒曲添加过量；保温期间温度的波动。这一系列的发现让孩子们深刻意识到，酿酒的成功与否，与时间、温度调控及密封条件息息相关。

失败不仅是学习过程中的一部分，也是激发孩子们探索欲、培养问题解决能力的宝贵契机。作为教师，重要的是要创造一个轻松的学习环境，让孩子们在失败中学会坚持，在反思中成长。

4. 酒酿再尝试：细节决定成败

在重新准备材料时，孩子们对糯米的清洗更加仔细。待糯米蒸熟后，他们用稚嫩的手指轻触，感受糯米的温度。在拌入酒曲的关键步骤，孩子们特地借来了精确的电子秤，以避免酒曲的偏差。为了让罐子的温度达到发酵条件，孩子们更是别出心裁，从日常生活中的蛋糕保温袋汲取灵感，自制了一个用保温膜做出来的保温箱。

此次尝试中，孩子们还巧妙地运用了酒酿观察记录表，通过观察糯米的色泽变化、出水量的增减、香气的散发以及是否有发霉迹象，全方位、细致地追踪着酒酿的每一步变化。

孩子们自制的保温箱

孩子们的酒酿观察记录表

经过几天的耐心等待,孩子们发现罐子中的水越来越多,酒香味愈发浓郁,而糯米依然是白净的。孩子们欢呼雀跃,他们终于成功了!

孩子们使用电子秤精确称量酒曲的行为,是对科学精神的实践。

自制保温箱是自主创新的行为,也是将生活和科学相结合的体现。孩子们引入酒酿观察记录表,通过对比和分析不同时间点的数据,直观地看到外界变化对结果的影响。作为教师,我们应该鼓励孩子们继续探索、实践和创新,让他们在动手动脑的过程中,学会思考、学会发现、学会解决问题。

孩子们通过看、闻判断酒酿是否成功

5. 酒酿运用时:自制酒酿小丸子

孩子们将自制酒酿融入一道特别的美食中——酒酿小丸子。用温水将糯米粉搅拌均匀,慢慢揉搓成面团,再捏出一颗颗小巧玲珑的汤圆。随着一锅清水缓缓沸腾,孩子们将这些亲手制作的小汤圆放入其中,看着它们在水中翻滚、跳跃，直至变得晶莹剔透。随后，他们舀入自己精心酿造的酒酿，那一刻，酒酿的醇香与汤圆的甜糯完美融合，他们细细品尝着这道由自己亲手制作的酒酿小丸子，每一口都是对这段难忘经历的回味与珍藏。

孩子们从做到吃自制酒酿小丸子的过程

当孩子们最终将制作出的酒酿转化为美食——酒酿小丸子时，那一刻的喜悦与成就感溢于言表。这不仅是一次从理论到实践的完美落地，更是孩子们创造力与动手能力的集中展现，也是一次知识活学活用的体现。

三、课程感悟

（一）实现了传统文化的传承与创新

通过讲述酒的历史渊源、文化意义，引出酒酿的传统工艺，让孩子们对中华传统文化有了更深刻的认识和理解。

（二）培养了幼儿的动手实践与团队协作能力

孩子们亲自参与酒酿的制作过程，从准备材料、清洗、蒸煮到发酵、调配，每一步都充满乐趣和挑战。他们还以分组合作的方式共同完成任务，培养了团队协作精神和沟通能力。

（三）促进了幼儿的反思与创新

在面对失败的酒酿时，孩子们展现出了难能可贵的反思精神和创新能力。他们勇敢地面对失败，积极寻找原因和解决方法。通过反复尝试和调整，利用生活经验创新地解决问题，掌握制作酒酿的关键技巧，也学会了如何在失败中汲取教训，不断成长。

第五章

美德礼仪

美德礼仪

一、主题说明

美德，是人性中温柔而坚韧的力量。在美德的光辉照耀下，孩子们学会相互尊重、理解与帮助。礼仪，则是社会交往中不可或缺的润滑剂。它不仅仅是外在行为的规范，更是内在修养的外化表现。

一双筷子，轻夹千年文化之味，承载世代智慧之光。在数千年的历史长河中，中国人形成了独特的用筷习俗。传统礼仪与幼儿相遇时，唤醒他们心灵深处对美的追求与向往。轻握筷间，不急不躁，解锁着古老文化的智慧与温情。避指人，不横放，敬食如宾，彰显着餐饮礼仪的尊重与秩序。在幼儿的眼中，筷子有着无限的可能，筷子与黏土组合，构建出宇宙中不同结构的星系。一根根平凡的筷子，通过智慧与耐心的交织，渐渐搭建起一座座巍峨的高楼。它们仿佛被赋予了生命，闪耀着金色的光芒，讲述着一个个关于梦想、勇气与创造力的故事。

"食"之有礼，举箸之间尽显温文尔雅。餐桌上，座次有序，长辈居上，孩童依序而坐。进食时，细嚼慢咽，不言不语，光盘行动，粒粒皆珍。餐具摆放，讲究规矩，筷子轻握，不横不指，轻舀慢品。茶桌旁，幼儿围坐一圈，轻提茶壶，轻抿一口，细细品味，仿佛在品味一段关于成长与传承的美好故事。

待人之礼彰显热情风范。承文化之雅，知礼仪，唱童谣，好朋友们行个礼。"蒙以养正，圣功也。"幼儿学礼、行礼，既是外在行为的模仿，又是内在品德的熏陶。在故事讲述、角色扮演、情景模拟等生动有趣的活动中，礼仪之花在幼儿幼小的心田里悄然绽放，文化的精髓在幼儿的日常行为中得以延续。

孝亲之德映照敬爱之心。"百善孝为先"，穿越千年的古训，至今仍闪耀着智慧的光芒。轻翻书页，了解"孝"字由来。不急不缓，倾听文学经典。成语接龙，感受孝悌传承。在幼儿的眼中，孝顺有着无尽的表达，孝顺与行动结合，编织出家庭中温馨和谐的画面。一次次平凡的举动，通过爱心与责任的交织，渐渐构筑起一个个温暖的港湾。

美德礼仪，古今交融的传承与践行，悠久的传统礼仪与幼儿的邂逅绽放出独特的魅力与光辉，从而实现挖掘童心深处的礼仪情怀，多种形式地展现传统礼仪之美。

二、主题目标

1. 能认识和理解中华民族的饮食、待人、孝悌礼仪，有初步的道德判断与礼仪意识。
2. 在日常生活中实践美德与礼仪，养成礼貌待人、敬爱长辈、文明用餐的良好行为风范。

3. 懂得感恩父母、友爱他人、文明礼貌，愿意主动积极参与美德礼仪的活动。

三、主题内容表

主题名称	年龄段	主题名称	家园共育形式呈现
美德礼仪	中班	小筷子　大世界	亲子调查表
		"食"之有礼	亲子调查表
	大班	以礼至诚　待人至真	1. 亲子调查表 2. 亲子拍照互动 3. 亲子共绘美术
		中华孝亲之礼	1. 亲子调查表 2. "孝亲之礼"亲子体验活动

中班班本课程：小筷子　大世界

重庆市九龙坡区实验幼儿园教育集团　李沁忆

筷子，作为中华民族的传统餐具，不仅具象化地体现了古人的智慧和创造，还蕴含着丰富的文化内涵和教育价值。

一、课程缘起

中班的幼儿处于练习使用筷子的初步阶段，他们对这种奇特的餐具既陌生又熟悉，充满了好奇心和挑战欲。这个阶段正是展开研究的好时机。通过了解筷子的历史、用途和制作过程，能培养幼儿对本土文化的热爱和认同感，同时锻炼其动手能力和协调性，提高生活自理能力。此外，探索筷子的多元功能，能激发幼儿的创新思维和想象力，让他们在玩中学、学中玩，享受自由探索的乐趣。

二、课程实施

（一）筷从哪里来

"筷子是怎么来的？筷子都有哪些种类？你还想知道关于筷子的哪些秘密呢？"孩子们心中充满了疑问。为了弄清楚筷子的秘密，关于筷子的调查正式开始了。通过亲子调查，孩子们对筷子有了初步的认识，了解了筷子的特点、种类和使用场所。

筷子大调查		
筷子的特点	筷子的种类	筷子的用途
上方下圆	塑料筷子 / 木筷 / 不锈钢筷子	吃饭

亲子筷子调查表

筷子源于中国，距今已有三千多年历史。上古时代，大禹为了治理洪水，总是奔波在外，忙得吃食物都是用手抓。但汤羹类的食物用手抓会很烫手，大禹想出了借用木棍、草茎来进食的办法，于是筷子就诞生了。后来，人们创造了各种各样的筷子，有木筷、竹筷、玉筷、象牙筷、陶瓷筷等等。为进一步了解筷子的种类，孩子们从家里带来了各种各样的筷子进行分享。

语言活动：筷子传说

（二）筷该怎么用

1. 用筷礼仪

从古老的商周时期一路走来，历经岁月的洗礼和文化的沉淀，筷子已不仅仅是一种简单的餐具，更是一种独特的文化符号。在三千年的发展演变中，与筷子相关的饮食习俗和用筷禁忌逐步形成。在饮食习俗方面，筷子的使用有着诸多讲究。一家人围坐用餐时，长辈未动筷，晚辈不可抢先，这体现了尊老敬老的传统美德；夹菜时，人们通常会用公筷为他人布菜，既卫生又尽显礼仪之美。而在用筷禁忌方面，也有规范要求。比如，忌把筷子插在饭碗中，因为这类似祭祀时的上香之举；在围桌用餐时，用筷子在菜盘里不停翻搅是没有礼貌的表现。孩子们通过了解与筷子相关的饮食习俗和文化内涵，不仅能感受到先辈对生活的热爱和对美好的追求，也传承了中华民族优秀的道德规范和价值观念。

用筷禁忌图示

2. 筷子的保存

筷子作为我们日常生活中不可或缺的饮食工具，其卫生与否直接关系到我们的身体健康。那么，究竟需要运用什么方式来保证筷子的干净卫生呢？孩子们通过观察和问询发现，首先应该为筷子准备专门的收纳容器，让它们有自己独立的空间，避免与其他餐具相互接触。同时，不能让食物残渣在筷子上停留太久，因为这样容易滋生细菌。筷子在清洗后还需要高温消毒。

分享筷子秘诀

（三）筷可怎么玩

在孩子们充满好奇的探索世界里，筷子的用途可不仅仅局限于餐桌上。它可以变成奇妙的音乐演奏工具，用筷子轻轻地敲击桌面、杯子或者盒子等物品，能发出清脆悦耳的声音；它还能成为创意十足的搭建材料，孩子们发挥想象力，用筷子尝试搭建各种形状的结构，不仅锻炼了动手能力，还有助于培养空间思维和解决问题的能力；此外，筷子还可以用来进行有趣的科学小实验，比如，通过筷子了解光的折射或是沉浮原理。在孩子们充满创造力的眼中，筷子有着无限的可能性，成为他们探索世界、发现乐趣的好伙伴。

1.STEM 空间

用筷子和黏土进行组合，这无疑是一场充满创意与科学探索的奇妙之旅。孩子们将五彩的超轻黏土捏成一个个精致的小球，再巧妙地和筷子组合起来，从而构建出宇宙中不同结构的星系。这样的 STEM 建构活动，带领孩子们走进了神秘的浩瀚宇宙。

STEM 空间

2. 筷子搭高楼

书航："筷子除了可以吃饭，还有什么作用吗？"

恒霄："我知道，筷子还可以用来搭高楼，重庆就有一个漂亮的'筷子楼'。"

书航："那我们也用筷子来搭一座筷子楼吧！"

一根根小小的筷子，可以搭建出承载重物的廊桥，也可以变成高楼大厦。对筷子的利用已融入中国人的血脉里，关于筷子的搭建我们仍在继续。

搭高楼

3. 筷筷传递

孩子们每人一根筷子，用筷子将纸杯传递给下一个同伴，传递时小手不能碰到杯子。筷子传递的不仅是一个个杯子，还传递着孩子们之间纯真的友谊。在传递的过程中，孩子们需要相互配合，互相鼓励，从而锻炼了交往能力和语言表达能力。

传递纸杯

4. "筷子怪"吃蔬菜

准备两双筷子和装满蔬菜的篮子,两组小朋友进行比赛,用筷子夹出蔬菜送到对面的篮子里,哪一组先夹完蔬菜就获胜。

筷子怪吃蔬菜

5. 筷子提米

嘟嘟:"装米时有点难,米粒总是掉到外面。"

一一:"当米装到半瓶的时候,怎么筷子提不起来米瓶子呢?"

润酥:"我刚刚试了好几次,我发现瓶子要装满米,筷子直直地插入瓶中才能成功把米提起来。"

老师:"还要把米压得紧紧的,筷子和米才能产生最大的摩擦力。"

6. 筷子沉浮

"什么材质的筷子可以浮在水面上?什么材质的会沉到水底?为什么呢?"孩子们将收集来的筷子进行分类,分别有木筷子、竹筷子、塑料筷子和铁筷子四种。为了进一步探究筷子材质的不同,我们开展了筷子沉浮的实验。材料分别是四种不同材质的筷子、一盆水、实验记录表、铅笔。实验结果为铁筷子和木筷子会沉入水底,竹筷子和塑料筷子会浮在水面。

孩子们通过筷子来感知沉浮的现象，并对沉与浮的现象做出简单的分析和判断，尝试用简单的标记符号记录观察和探索的结果，在活动中培养观察和发现的能力，真正感受到科学并不遥远，就在我们身边。

（四）筷要怎么变

1. 新概念筷子

筷子作为一种传统饮食工具，还可以有怎样的变革与创新呢？孩子们开启头脑风暴，探讨起来。

酥酥："筷子长长的，不能带出去。"

吴简："筷子不能像勺子一样拿来舀汤。"

满满："筷子就是木头颜色，不好看。"

围绕这些话题，孩子们纷纷将自己的想法融入创新中，设计出不一样的筷子。

2. 青花筷

在之前一次欣赏青花瓷的活动中，孩子们认识到白底蓝花的纹样特别精美，于是将筷子用丙烯颜料涂成白色，再在面积较宽的筷子尾部画上丰富的元青花纹样来装饰，制作漂亮的青花筷。

3. 发簪

用细绳穿上五颜六色的珠子制成吊坠，挂在筷子尾，就是一支美丽的发簪。

筷子工艺品

（五）傣族竹楼怎么搭

在筷子搭高楼的建构活动中，孩子们提出："我们可以把竹筷子粘起来，做成一座真正的房子吗？"大家收集资料、询问家长，发现在中国传统建筑中，有一种造型独特的房子就是用竹子搭建的，它就是傣族竹楼。

1. 竹楼的特点

和毅："竹楼下面是用很多柱子支撑起来的。"

酥酥："上面还搭着楼梯。"

月月："有两层，第二层外面有栏杆。"

旸旸："屋顶是斜斜的。"

孩子们集体观察、探讨，观看科普视频，发现南方多雨潮湿，气候炎热，而竹子又是当地常见植物，是方便获取的建筑材料，而这种特殊的干栏式建筑不仅可以防潮、防水、散热，而且具有躲避虫兽侵袭的作用。

2. 竹楼我设计

经过讨论后，孩子们纷纷将自己心目中的竹楼设计出来。

3. 初次搭建

（1）问题一：用什么黏合工具来衔接？

吴简："用乳白胶试试，干了会很牢固。"

朵儿："用透明胶缠起来，多缠几圈。"

沁怡："老师平时用的胶枪粘东西很厉害。"

通过对几种工具的测试实践，孩子们最终决定用胶枪来黏合。

（2）问题二：怎么提高搭建效率？

诗妍："他们都是自己搭自己的，不和我玩。"

梓齐："我一个人搭不起来，时间太少了。"

大家探讨出两种方法：寻求老师帮助、分组搭建。在老师的协助下，孩子们进行投票分工，然后合作搭建竹楼，每人负责竹楼的一部分。

孩子们在专心搭建

4. 二次搭建

（1）问题一：筷子长短不一样？

之行："用尺子量量有多长。"

阳阳："和做好的短筷子比一比。"

（2）问题二：黏合时对不齐怎么办？

熙熙："可以让两个小朋友扶着筷子。"

子言："把筷子平放在桌子上，摆好再粘。"

5. 三次搭建

（1）问题一：搭好的竹楼老是要倒？

孩子们围绕这个问题，提出几种猜想：

猜想①：支撑的柱子太细了，可以把几根筷子黏合在一起，加粗柱子。

猜想②：下面的筷子太少，需要多用些筷子交叉支撑。

猜想③：多用一些胶来加固柱子与房屋的连接处。

（2）问题二：竹楼里要放些什么？

一一："我想放一个美丽的花瓶，里面插上很香很香的花朵。"

沁怡："在里面放张大床，我累了可以睡觉。"

宸宸："我要放个电视，看喜欢的动画片。"

孩子们围绕"傣族竹楼怎么搭"这个充满趣味的问题，兴致勃勃地用筷子展开了一系列令人惊叹的建构实践。在这个过程中，他们分工明确、共同协作，当遇到建构困难时会一起商量，努力寻找解决办法。他们如同小小的设计师，学会根据材料的特点进行合理的规划和安排，懂得如何在有限的资源下创造出最佳效果。孩子们不断地发现问题，勇敢地解决问题，从而实现关键性经验的丰富累积。

竹楼作品

三、课程感悟

（一）以儿童为本，抓住教育契机

本次"小筷子　大世界"班本课程探索关注到中班幼儿学用筷子的真实需要及衍生的具体问题，结合其身心发展特点和游戏化的探索模式，生成一系列科学有趣、可操作性强的主题方案。孩子们通过直接感知、亲子调查、合作探究等方式了解到筷子的由来及不同种类，并进一步熟悉中餐用筷礼仪，掌握筷子的正确使用方法。

（二）以创新为引，促进全面发展

在开展过程中，我们以游戏为基本活动，深入探索筷子更具创新意义的利用价值：将其作为建筑材料进行搭建，转化为户外运动材料进行体育锻炼，作为实验材料加深对材质的认识等等。孩子们在活动中动手动脑、大胆表达，提升精细动作的灵活性和协调性。孩子们在探索中不断发现问题、分析问题、解决问题，促进经验提升，激发深度学习，养成不怕困难、敢于尝试和探究的良好品质。

（三）以传统为基，深挖主题价值

筷子不仅是一种辅助饮食的工具，更承载着中国的千年文明。通过本次班本课程的实践，幼儿不仅了解到筷子悠长的发展史，还根据筷子的外形及材质特点，将其与青花瓷纹样、发簪、传统建筑等进行融合，挖掘出更为丰富的传统文化价值，提升了审美及艺术鉴赏能力，萌发出民族文化自豪感。

（四）丰富形式，整合资源支持探究

在之后的活动延伸中，我们将创设和提供更为丰富的环境和材料，以多种形式最大限度地支持和满足孩子们深入学习和探究的需求，并形成有体系的、同一主题背景下的游戏课程活动。

中班班本课程："食"之有礼

重庆市九龙坡区实验幼儿园教育集团　冉建娇　苏涵曦

一、课程缘起

在一次午餐时，孩子们讨论起饮食中的礼仪问题。有的说："吃饭的时候可以玩玩具吗？"有的问："为什么爷爷奶奶吃饭前要先招呼大家？"这些问题引起孩子们对"吃"与"礼仪"的兴趣。为了让孩子们感受中华传统文化的深厚底蕴，理解"食"与"礼"之间的关系，我们设计了以"'食'之有礼"为主题的班本课程活动。

二、课程实施

（一）活动一：茶文化体验

通过开展茶文化教学活动"请喝茶"，观看中国传统茶礼演示视频，讲解"奉茶"的步骤与意义，孩子们直观地了解到中国饮茶文化中的礼仪精神。通过亲身观察茶具、体验茶礼过程，孩子们初步理解尊敬长辈的重要性，同时感受到传统文化的魅力。

1. 茶礼演示：请喝茶

观看专业茶艺师茶礼展示视频，欣赏中国传统茶礼的优雅步骤。幼儿认真观察洗茶、奉茶等动作，了解"茶先敬长者"的礼仪规则。在现场体验中，孩子们尝试模仿奉茶的动作，感受到礼仪背后的尊重精神与文化内涵。

2. 观察与讨论：茶具大观

在活动中，老师为幼儿展示各种各样的茶具，包括茶壶、茶杯、茶盘等。孩子们仔细观察茶具的不同形状和材质，产生疑问："为什么茶壶会有一个弯弯的嘴？""茶杯为什么那么小？"通过讨论，孩子们了解到茶具在茶文化中的重要性，同时激发探索兴趣。

茶具大观

3. 观察体验：茶香飘飘

老师准备几种常见的茶叶，如绿茶、红茶、花茶，让孩子们用小手摸一摸、闻一闻，感受茶叶的形状、香气和质感。在老师的引导下，孩子们还用热水简单冲泡一杯茶，观察茶叶在水中慢慢舒展开的样子，体验茶香的独特魅力。

茶香飘飘

4. 文化拓展：茶文化故事会

老师通过讲故事的方式，为幼儿介绍茶的起源、种类和饮用方法。在故事中，幼儿了解到茶不仅是一种饮品，还蕴含着敬重、感恩的文化精神。幼儿通过聆听故事，丰富了对茶文化的认知，并对传统文化产生了浓厚的兴趣。

5. 延伸活动：美术活动"盖碗杯"

结合集中教学活动的学习内容，开展美术活动"盖碗杯"。孩子们以观察到的茶具为参考，创作自己的茶具设计作品，巩固对茶文化的认知。

美术活动

6. 茶艺表演

通过茶艺体验活动"茶艺小课堂"，孩子们学习茶礼的基本动作，如"泡茶礼""奉茶礼""谢茶礼（叩指礼）"等，感受茶艺中"慢生活"的节奏与专注力的重要性。孩子们在模仿茶艺动作的同时，逐步养成优雅的行为习惯，培养对茶文化、茶礼仪的兴趣。

（1）茶艺模仿体验：我是小小茶艺师

孩子们分组扮演小茶艺师，尝试模仿茶艺师的优雅动作，将泡好的茶水用茶杯递给其他孩子。孩子们在模仿中学习了解茶礼的内容，增强对茶文化、茶礼仪的兴趣和理解。

请茶礼

谢茶礼 / 叩指礼（平辈之间）

（2）艺术创作：一壶春茶

孩子们以茶艺活动为灵感，用画笔描绘自己心中的一杯茶。他们用颜色表现茶叶在水中的变化，用线条描绘泡茶时的动作。通过绘画，孩子们不仅复习了茶艺过程，还进一步提升了艺术表达能力。

艺术创作

（3）游戏互动：茶杯传递

将孩子们分成多个小组，每组用一个小茶盘传递装满茶的茶杯，要求传递时动作要稳，不能洒出水。游戏中，孩子们学会控制动作、保持专注，同时也在互动中体验到团队合作的乐趣。

茶杯传递

（二）活动二：用餐礼仪教学

1. 礼仪课堂

（1）礼仪大调查

不同地方、不同家庭有不同的进餐礼仪。孩子们和爸爸妈妈一起根据自己在家中的用餐情况填写了进餐习惯问卷调查。通过填写调查表，孩子们能够了解更多的进餐礼仪，丰富进餐礼仪的相关知识，加深对进餐礼仪的理解，明确自己做得好的地方和需要改进的地方。

用餐礼仪大调查

（2）阅读体验：《餐桌上的礼仪》

老师带领孩子们阅读绘本《餐桌上的礼仪》，通过图文并茂的故事讲解用餐时的基本礼仪，如使用餐具、安静用餐、与同桌礼貌互动等。在阅读过程中融入古人礼仪文化，如"食不语，寝不言"（出自《论语·乡党》，强调用餐时的安静）、"长幼有序"（让长辈或贵客先动筷，体现谦让）、"珍惜食物"（尊重劳动成果，不随意浪费粮食）。孩子们跟随故事情节学习"吃饭前要说'请'""递餐具用双手"等礼貌用语。老师引导孩子们讨论："故事里的小熊做得对吗？如果在古代，它哪些地方会不合礼数呢？"让孩子们在互动中既掌握现代餐桌礼仪，也对古代"食不语，寝不言"产生敬畏与好奇。

共读绘本

（3）集中学习：餐桌上的小故事

老师播放动画小视频，展现用餐时正确与错误行为的对比，视频情节融入"让长者先坐先吃""不喧哗、不浪费"等古人用餐准则。观看后，孩子们开始讨论："小兔子做得对吗？如果我们是在古代，又会被怎么评价？"通过观察与交流，孩子们明确了用餐时应遵守的礼仪规则，并培养了辨别是非的能力。老师在点拨时可强调古人的"敬与让"观念，引导幼儿在家庭聚餐、同学聚会时也能自觉遵守。通过一系列融入传统文化内涵的活动，孩子们不仅能掌握现代用餐礼仪的基本规范，还能感受到中国古人"以礼待人、敬老尊长、珍惜粮食"的智慧，这让礼仪教育更具深度和温度。

（4）语言活动：用餐礼仪我知道

"用餐礼仪到底有哪些呢？我们有相关的童谣。中国娃，讲文明；用餐礼仪要牢记；入座后，不打闹；请长辈，先开席；取食物，就近拿；夹菜时，不乱翻……"播放用餐礼仪童谣，孩子们跟学童谣，并总结童谣里面出现的用餐礼仪。

2. 模拟用餐

（1）情景体验：餐桌上的小主人

老师设置正式用餐场景，摆放桌布、餐具和装饰品，孩子们轮流扮演"小主人"和"客人"。小主人负责递送餐具、邀请客人用餐，并用礼貌用语与客人互动。客人用餐时要注意安静和坐姿得体。通过角色扮演，孩子们学会了基本的用餐礼仪，并体验到正式用餐的庄重感。

请长辈，先开席

筷子不敲碗，不做乞丐事

夹菜不乱翻，不越过中线

毋固获

筷子不指人

筷子不插饭里面

吃饭不作声

毋咤食

（2）美术活动：好多美食

通过开展美术活动"好多美食"，孩子们运用丰富的色彩和大胆的想象力，制作出自己最喜欢的食物。活动中，孩子们通过仔细观察食物的形状、颜色和纹理，将细致的感受转化为艺术作品，提升他们的观察力和艺术表达能力。在创作过程中，孩子们用绘画呈现自己对食物的喜爱和对美好生活的感知。

孩子们用橡皮泥或超轻黏土制作立体的食物模型，如甜甜圈、三明治或冰淇淋。每个孩子完成作品后，将所有的作品集中摆放在一起。通过立体创作，孩子们体验到从平面到立体表达的变化，同时感受到团队合作带来的成就感。

美术活动

3. 区域游戏

（1）表演区游戏

孩子们根据绘本故事情节分组扮演不同的角色，例如"爷爷奶奶""爸爸妈妈""兄弟姐妹"。每个角色都有具体的任务，比如邀请长辈入座，递送餐具并使用文明语言。在角色扮演中，孩子们用语言和动作展示餐桌礼仪，锻炼语言表达能力和角色理解能力。

表演区游戏

（2）建构区游戏

老师："小朋友们制作了这么多饭菜，吃不完怎么办呢？"

小杉："我们可以拿去请弟弟妹妹一起吃。"

小玲:"我们可以拿回家给爸爸妈妈。"

小希:"上次我们去饭店吃饭了,我们也可以拿去饭店卖掉。"

老师:"这是一个好办法,我们可以把这些饭菜卖出去,我们就在幼儿园开饭店吧!"

"可是我们没有饭店,怎么办呢?"最后大家讨论决定,一起用大积木搭建一个"饭店"。

4. 延伸活动:家园共享

陈鹤琴先生说过:"幼儿教育是一件复杂的事情,不是家庭一方面可以单独胜任的,也不是幼儿园一方面可以胜任的,必定要两方面共同合作方能得到充分的功效。"因此,孩子们在幼儿园学习到的餐饮礼仪还要带回家和爸爸妈妈一起分享、一起学习。

给爸爸夹菜 　　　　　　请长辈入座

跟妈妈讲不能敲碗 　　　夹离自己最近的菜

三、课程感悟

本次班本课程的探索,我们通过艺术、社会、语言等多领域的整合,为孩子们提供系统学习饮食礼仪的机会;我们通过探究、体验、制作等实践活动,引导孩子们在生活中践行餐桌礼仪,培养尊重与感恩的品德;通过家庭的共同参与,孩子们不仅体验到礼仪文化的魅力,还逐渐养成了良好的用餐习惯。

陶行知先生曾说:"生活即教育。"我们希望通过"'食'之礼仪"班本课程探索,让孩子们在了解饮食文化的过程中,感受生活的美好,学会尊重与分享。本次班本课程探索虽然结束,但"'食'之礼仪"的践行将继续陪伴孩子们成长。

大班班本课程：以礼至诚　待人至真

重庆市九龙坡区实验幼儿园教育集团　徐海岚　叶连花

礼仪是中华优秀传统文化的重要组成部分，是经过漫长的历史岁月积累的基本行为规范，不仅是人们待人接物时的行为准则，也是塑造大国形象不可忽视的一部分。由此可见，礼仪教育至关重要。大班幼儿的理解水平已从表面理解向深度理解转变，"有社会意义的动机"占主要地位，相比中小班幼儿更容易理解礼仪对于社会性交往的重要意义，因此礼仪教育更有利于促进大班幼儿的社会性发展。

一、课程缘起

情景一：在一次游戏中，某某小朋友为了争抢玩具和其他孩子争吵起来了。

情景二：在楼梯上，某某小朋友为了走快点而去推了前面的小朋友。

情景三：在班上游戏活动时，两个小朋友在交流时，因为意见不同而产生了争执。

中国自古以来就被称为礼仪之邦，礼仪也算是一种独特的中国传统文化，它体现了中国人的价值观和个人修养。良好的礼仪不仅是高尚文化的重要体现，也是深厚文化底蕴的体现。学礼仪、守礼仪是每个中国孩子必备的功课。

幼儿园待人礼仪是礼仪教育的重要组成部分。"君子不失足于人，不失色于人，不失口于人。"为进一步加强幼儿文明礼仪教育，着力提升幼儿待人礼仪素养，让每个孩子都能知礼仪、学礼仪、行礼仪，让礼仪的种子在每个孩子的心田萌芽，我班开展了"以礼至诚　待人至真"的班本课程活动。

二、课程实施

（一）待人之礼我知道

1. "待人礼仪"大调查

在课程开启之前，孩子们和爸爸妈妈一起讨论关于待人礼仪方面的问题。通过亲子共同完成调查表，孩子们对待人礼仪有了初步的认识，然后带着调查表到幼儿园与同伴相互交流、分享。在班级谈话活动中，孩子们根据自己的调查结果，结合自己的生活经验，讨论起自己眼中的"待人之礼"……

妞妞："待人之礼要学会分享，分享玩具、书。"

阳阳："待人之礼就是不能打别人。"

佳佳："待人之礼就是早晨来幼儿园要说'老师早上好',放学回家的时候要说'老师,再见'。"

冰冰："待人之礼就是要温柔、轻声地和别人讲话,不吵闹。"

茜茜："待人之礼就是要尊重老师及长辈,听他们的话。"

分享讨论"待人礼仪"调查表

在家园的共同努力下,孩子们已经逐渐明晰了待人礼仪的内涵,并且将其自然而然地融入一日生活和家庭生活的方方面面,成为他们日常行为的一部分。

2. 待人礼仪之中国传统故事

在讨论分享中,孩子们对待人之礼有了新的认识。为了让孩子们更加深入地了解待人礼仪的社会意义,懂得生活实践中的礼仪规范以及良好的礼仪习惯等,我们开展了一系列集体教育社会活动,如,讲述《孔融让梨》《千里送鹅毛》等中国传统故事和《大熊的拥抱节》《学会讲礼貌》《讲礼貌的小海星》《米菲做客》等系列儿童故事,帮助孩子们在故事中了解待人礼仪。

语言活动:孔融让梨

幼儿待人礼仪教育是幼儿教育中不可或缺的重要部分。它就像一把神奇的钥匙,不仅能帮助幼儿开启尊重他人的大门,让他们懂得关心和理解他人的感受,还能为幼儿搭建起与他人友好交往的桥梁,助力其建立起良好的人际关系。在幼儿的社会化进程中,待人礼仪更是起着举足轻重的作用,它如同一位贴心的导师，引导幼儿学会如何与小伙伴、家人以及周围的人和谐相处，使幼儿逐步掌握基本的交往礼仪，如主动问好、礼貌用语、分享合作等，从而更好地适应社会生活。孔子曾言："不学礼，无以立也。"这一思想深刻地揭示了礼仪对于一个人成长为健全的人的关键作用。良好的待人礼仪是幼儿身心健康发展的重要保障，能让幼儿在充满爱与尊重的环境中茁壮成长。

（二）待人之礼我学习

我们开展礼仪教育课程时，将礼仪教育融入幼儿的一日生活中，通过生活化的场景和实际的社会交往来完成礼仪教育。例如，在区域游戏或日常活动中，通过具体的互动情境，引导幼儿学习如何礼貌地与他人交流、分享和合作。此外，我们还关注礼仪教育对家庭的影响，通过家园合作，共同促进孩子们礼仪行为的养成。在具体的教育策略上，我们可以采取多种方法激发幼儿的学习兴趣，例如，通过主题活动、情境模拟等方式，让孩子们在实践中学习和体验礼仪。同时，教师自身的行为也非常重要，他们需要以身作则，成为幼儿学习礼仪的榜样。

1. 礼仪公约我来定

幼儿园一日活动中处处都存在着待人礼仪，怎样才能让孩子们亲身去参与、实践、执行礼仪规范呢？经过讨论，我们决定开展"班级礼仪公约"活动。

讨论中 　　　　　　制定中

我们的公约

在活动开展过程中，有的小朋友不遵守公约，该如何解决呢？孩子们展开了讨论。

安安："可以监督他们有没有这样的情况。"

皓皓："我们给做得好的小朋友颁发奖励。"

瑜予:"我们可以做出表率,让其他小朋友学习。"

经过商讨,幼儿找到了两种解决办法:一是小朋友们之间相互提醒;二是给遵守班级公约的小朋友奖励贴画。

班级"礼仪公约"制定以后,从中班到大班,幼儿早上入园主动打招呼的情况有了明显的改善,但不是每位小朋友都能够主动打招呼。于是,我们开展了"问好时可以怎么做?"的谈话活动,让孩子们讨论:早上问好可以有哪些方式?孩子们纷纷做出回答:

嘟嘟:"可以拍手。"

冰冰:"可以碰拳头。"

程程:"可以拥抱。"

曼曼:"可以后脚跟碰后脚跟。"

孩子们将想到的各种方式用绘画呈现出来后,我们将其贴在了教室门外显眼的位置,方便提醒孩子们早上来了之后可以自由选择问好的方式。

问好时可以怎么做

2. 制作卡片送给好朋友

赠送礼物是表达友好与祝福的有效方式,孩子们积极参与赠送卡片活动,并在过程中主动使用礼貌用语,如"祝你天天开心""谢谢你的陪伴"等。通过这一温馨的趣味活动,孩子们不仅能更好地体会到友好和祝福的传递,还能切实增强自身的人际交往能力以及待人接物的能力,为社会性发展奠定良好基础。

送给好朋友的卡片

礼仪教育不仅仅是教授基本的行为规范，更重要的是培养孩子们的礼仪情感和社会交往能力。教师应注重礼仪教育目标的全面性，不仅要关注孩子们的礼仪知识，还要重视他们的情感培养和社会性发展。在实施礼仪教育的过程中，教师应及时反思教学效果，分析幼儿的表现，并根据实际情况调整教学策略。例如，在课堂上可以增加师幼互动环节，鼓励幼儿表达自己的见解，从而提高他们的参与度，增强学习效果。

（三）待人之礼我践行

1. 尊敬师长，服务长辈

在幼儿园里，幼儿学会了尊敬师长，愿意帮忙做力所能及的事情。孩子们回家后也将礼仪运用了起来，在家会主动收拾玩具，体会家中长辈的辛苦，帮助家人做一些力所能及的事情。

收拾玩具 　　做力所能及的事情

2. 友爱伙伴

待人之礼是友爱伙伴，与同伴互相尊重、互相帮助，共同进步，学会关心、爱护、同情、体贴他人。孩子们在生活中将礼仪运用得越来越好。比如，孩子们可以自主游戏，一起合作做游戏；还可以大带小，大哥哥带领小妹妹一起做游戏；在每周五的晨间活动中，他们主动劳动，将教室打扫得干干净净，也为老师分担了一部分任务；有小朋友在活动中遇到不开心的时候，别的小朋友能够做到主动去安慰、帮助他。

自主游戏：合作游戏真快乐 　　大带小游戏：保护弟弟妹妹

小小劳动者：一起劳动真快乐 　　室外游戏：朋友不开心，我来安慰

3. 宽容礼让

　　待人之礼在于宽容礼让。自主餐点时，小朋友们能做到排队、不拥挤；如厕盥洗，做到排队；室内游戏时做到主动分享；还会一起阅读绘本，体会阅读的快乐。

自主餐点：排好队，不拥挤 　　如厕盥洗：你先请，不拥挤

第五章　美德礼仪

室内游戏：你先玩，不争抢　　　　绘本阅读：一起阅读真开心

4. 待客之道

待人之礼是客人来访时要热情招待，客人离开时要相送。在亲子活动中，孩子们在家里扮演如何热情招待客人；当客人离开的时候，要道别。

待客之道

5. 礼仪小天使

自开展礼仪教育以来，孩子们的行为有了很大的变化，讲文明、懂礼貌、知谦让等等。为更好地激励孩子们践行礼仪，我们班举行了"礼仪小天使评选活动"，树立榜样力量，践行礼仪，培养幼儿良好的行为习惯及优秀的道德品质。在评选之前，我们进行了讨论：

老师："你们认识'礼仪小天使'吗？他们是什么样子的？"

龙龙："我知道，'礼仪小天使'是很有礼貌的小朋友。"

冉冉："'礼仪小天使'是天使，能够给我们带来温暖的。"

老师："是的。'礼仪小天使'每天早上都用甜美的笑容迎接我们入园。你们在门口看到礼仪小天使热情的笑脸时，会不会觉得很开心？什么样的小朋友才能做礼仪小天使？"

睿睿："在门口要站得直，还要微笑。"

悦悦："有礼貌、能大声地说'早上好'，还要能坚持站好。"

老师："说得真好！让我们一起讲礼貌，争做'礼仪小天使'，传递温暖吧。"

幼儿自我推荐

孩子们为了能够当上班级的"礼仪小天使",纷纷上台进行自我推荐。有的说:"我在家会帮助爸爸妈妈做事情。"有的说:"我在幼儿园也主动帮助老师做事情,还主动帮助小朋友。"

幼儿互评

经过幼儿自我推荐,孩子们投票选出了6名"礼仪小天使"。

6."礼仪小天使"诞生

一日之计在于晨。新的一天从清晨的礼仪活动开始,"礼仪小天使"们用自己的言行感染身边的每一位同伴。当上班级"礼仪小天使"的孩子,早上晨间需要在门口跟小朋友主动问好;在区角游戏活动中,发现没有认真操作材料的小朋友,需要主动提醒他们。

班级"礼仪小天使"

三、课程感悟

待人礼仪，润泽无声。孩子们在幼儿园活动中一起识礼、懂礼、践礼、一起发现、约定、行动、收获、享受到遵守"待人之礼"的快乐，在实践活动中将礼仪的种子播种在幼小的心田。

通过一系列精心设计的活动与教育实践，我们见证了孩子们在待人礼仪方面的显著成长，欣喜地看到孩子们在礼仪方面的显著进步。他们变得更加自信、大方、有礼貌，能够主动关心他人、帮助他人；在人际交往中，他们学会了倾听、尊重和理解他人；在日常生活中，他们养成了良好的卫生习惯、学习习惯和行为习惯。这些变化还将影响他们的性格形成和未来发展。

大班班本课程：中华孝亲之礼

重庆市九龙坡区实验幼儿园教育集团　彭桂芳　陈颖

在中华民族的悠久历史长河中，孝文化始终是传统文化中璀璨夺目的一部分，被誉为道德之基、人性之本。

一、课程缘起

步入大班阶段，孩子们对社会现象和人际关系有了更为深刻的感知，对家庭、亲人之间的关系产生了浓厚的兴趣。在日常的交流中，他们频繁提及家中的长辈，分享与爷爷奶奶、爸爸妈妈之间的温馨点滴。我们敏锐地捕捉到这一教育契机，结合孩子们的生活经验和兴趣点，精心设计了"中华孝亲之礼"班本课程，旨在引领孩子们深入探索孝文化的丰富内涵，传承并弘扬中华优秀传统美德。

二、课程实施

（一）知孝礼

1. 了解孝的由来

（1）语言活动：汉字之初见——"孝"字的演变

我们带领孩子们追溯汉字"孝"的悠久历史，从古老的甲骨文到现代形态，生动讲述其背后的故事。通过互动讨论，孩子们深入思考"孝"字背后所承载的家庭伦理与社会责任，感受其在不同时代的文化价值。

认识"孝"字

（2）美术活动："孝"字之我想

随后，孩子们以"'孝'字之我想"为主题，自选甲骨文、金文等字体进行创作，用画笔描绘出心中对"孝"的理解，让"孝"之美在童心与画笔间交织绽放。

画出"孝"之美

2. 重阳节的文化探索

重阳节，这一承载着深厚文化底蕴的传统节日，成为我们班孩子探索中华文化的切入点。为让孩子们亲身体验重阳节的魅力，教师精心策划了一系列活动。

教师以娓娓动听的语言，为孩子们讲述了重阳节的起源传说与丰富多彩的习俗风情。从登高望远、赏菊饮酒，到插茱萸祈福，每一个习俗都蕴含着人们对美好生活的向往和对家人的深深祝福。孩子们听得入了迷，仿佛穿越时空，置身于那古老的重阳佳节之中。

在"重阳节的礼物"活动中，孩子们纷纷发挥想象力，以诗歌、故事或简短祝福语等形式，表达对长辈的浓浓祝福与感激之情。他们亲手制作重阳节礼物，将这份爱与祝福实体化，让长辈们感受到自己的孝心与关爱。

重阳节的礼物

此外，孩子们还挥洒创意，用画笔在画纸上描绘出心中的《重阳登高图》。他们笔下的山峰巍峨耸立，菊花竞相开放，仿佛一幅幅生动的重阳画卷。

画重阳

在美工区，孩子们用油画棒在镜面纸上绘制菊花，用毛笔蘸水晕染叶子，一笔一画间流露出对传统文化的热爱与传承。

画菊

而表演区的角色扮演活动，则让孩子们深入了解了不同职业和性格的爷爷形象，深刻体会到了爷爷们的独特魅力与智慧。

3.经典文学中的孝道

我们为孩子们讲述了董永的感人故事，孩子们被董永卖身葬父的举动深深打动，纷纷展开讨论，探究董永的行为为何能成为千古美谈，以及在现代社会中应如何将这份孝心传承并发扬光大。

随后，教师简要介绍《孝经》的历史背景与核心思想，通过讲述其中的经典故事，引导孩子们走进孝道的殿堂。互动问答环节则激发了孩子们对孝道的思考与感悟，他们踊跃分享着自己对孝道的理解与体会。

（二）学孝礼

1.孝的成语与俗语

（1）成语大搜索与创作

我们发动孩子们与家长共同搜集和孝有关的成语，带到幼儿园与同伴分享。在教师的引导下，孩子们学习这些成语的含义与用法，增进对孝道的理解。随后，孩子们在美工区以图画的形式将熟悉的"孝"字成语画出来，如"忠孝两全"等，让成语学习变得更加生动有趣。

（2）俗语大调查与分享

孩子们与家长一起探寻蕴含深厚孝道的俗语。他们将搜集到的俗语带到幼儿园，与小伙伴们分享，共同学习这些俗语背后的含义与用法。教师精心挑选一些关于孝的俗语，如"家有一老，如有一宝"，通过互动问答引导孩子们思考这些俗语背后的道理，启发他们对孝道的深入认识。

俗语大调查

2.《弟子规》的学习与实践

（1）《弟子规》的由来与解读

教师讲述李毓秀的传奇故事及他创作《弟子规》的初衷，引导孩子们思考《弟子规》在现代社会的适用性与价值。随后，教师分段讲解《弟子规》，引导孩子们逐句诵读并理解其内容。通过互动问答和分享心得，孩子们深入思考其中的道理，感受传统礼仪的魅力。

学习《弟子规》

（2）《弟子规》的舞蹈与美术创作

教师根据《弟子规》的内容编排舞蹈，孩子们在舞蹈中感受传统礼仪的韵律美。孩子们还用画笔描绘出《弟子规》中的礼仪场景，通过美术创作深入理解传统礼仪之美。他们展示自己的作品，分享创作背后的故事与想法，让传统礼仪在童心与画笔间绽放光彩。

画《弟子规》的舞蹈与美术创作

（3）二十四孝的故事与感悟

教师简要介绍二十四孝的由来和背景，讲述经典故事，引导孩子们思考二十四孝在现代社会的意义与价值。孩子们被这些感人至深的故事深深打动，纷纷分享自己的理解与感悟，感受孝道的重要性。

（三）行孝礼

1.孝的行为礼仪学习

（1）孝心手势舞与礼仪模拟

通过手势舞，孩子们表达对长辈的孝心和敬意。

同时，教师讲解基本的孝亲之礼，引导孩子们在情境中模拟运用。孩子们积极参与，分享自己的表现与感受，探讨如何更好地践行孝亲之礼。

孝心手势舞

（2）孝亲任务卡与实践

孩子们自己设计并制作出孝亲任务卡，明确每天的孝亲任务。他们按照任务卡的要求完成孝亲任务并记录完成情况。教师将孩子们制作的礼仪任务卡发放给家长，引导家长鼓励孩子践行孝亲之礼，形成家园共育的良好氛围。

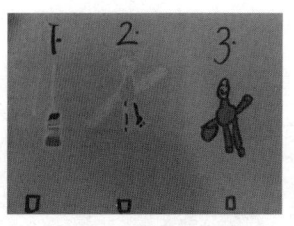

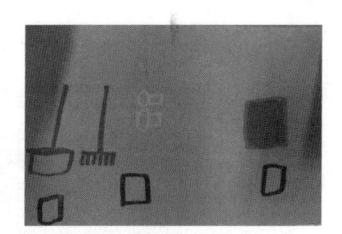

自制孝亲任务卡

2.孝于美术的创作表达

（1）描绘心中的妈妈

孩子们用画笔描绘自己心中的妈妈形象，表达对妈妈的感激与爱意。他们展示自己的作品并分享创作背后的故事，让母爱在童心与画笔间流淌。

画妈妈

（2）行孝道的版画创作

孩子们以版画的形式创作出行孝道的内容，通过独特的艺术表现手法展现孝道的内涵与魅力。他们的作品充满了童真与创意，让人耳目一新。

（3）100种方式说爱你

孩子们创作与爱相关的美术作品，尝试用多种方式表达对长辈的爱意。他们展示自己的作品并向长辈表达爱意，让爱在心中传递、在行动中彰显。

100种方式说爱你

（4）拐杖制作

孩子们挑战制作拐杖。他们寻找合适的材料，如硬纸筒、粗树枝等，并设计构思拐杖的形状和功能。在制作过程中，孩子们遇到了不少挑战，如把手的选择与制作、橡胶垫的固定等。但在教师的引导下，他们通过自主思考和探索——解决了问题。最终，孩子们完整展现了自己精心构思设计的拐杖，实用又美观的作品里凝聚着他们的孝心和智慧。

拐杖制作

三、课程感悟

本次"中华孝亲之礼"班本课程，旨在引领孩子们深入探索孝文化的丰富内涵，传承并弘扬中华优秀传统美德。通过一系列精心设计的活动，孩子们从知、学、行三个方面了解了孝亲文化。

在知孝礼环节，孩子们追溯了"孝"字的演变历程，体验了重阳节的传统习俗，并通过经典文学作品感受了孝道的深远影响。这些活动不仅加深了孩子们对孝文化的认识，还激发了他们对家庭伦理和社会责任的思考。

学孝礼环节则通过成语、俗语的搜集与分享以及《弟子规》的学习与实践，让孩子们在轻松愉快的氛围中掌握了孝道的语言表达。同时，二十四孝的故事让孩子们深刻体会到了孝道的重要性，激发了他们的感恩之心。

在行孝礼环节，孩子们通过孝心手势舞、礼仪模拟、制作孝亲任务卡等实践活动，将孝道理念转化为实际行动。此外，美术创作和 STEM 项目等活动也为孩子们提供了表达孝心的平台，让他们在创作中感受爱的力量。

本次班本课程取得了显著成效，孩子们不仅增强了对孝文化的理解和认同，还学会了如何用实际行动去践行孝道。家园共育的良好氛围也进一步促进了孩子们孝亲行为的培养。相信在未来的日子里，孩子们将继续秉承孝道精神，成为有爱心、有责任感的中国新时代好儿童。

第六章

传统游戏

传统游戏

一、主题说明

传统游戏是人们在民族传统文化的基础上经过不断加工而形成的，具有浓烈的生活气息，能满足不同年龄、性别和性格幼儿的需求，深受幼儿喜爱。它经过一代又一代人的传承与发展，积淀了丰富的文化底蕴，是我国文化的重要组成部分。

传统游戏具有重要的教育价值。它不仅可以提高幼儿身体素质，促进幼儿各项动作技能的发展，还可以磨炼幼儿的意志品质，培养其社会合作意识与合作能力，增强言语交际能力，提高逻辑思维能力，培养创造精神，提升想象力与创造力。

传统游戏的内容丰富、形式多样，易懂、易学、易传，带给幼儿的不仅是欢乐，还有文化的传承。比如，在"小空竹 大乐趣"班本课程中，中班的孩子们认识空竹、抖动空竹，开启空竹的探索之旅；大班的孩子们在"民间游戏韵 童谣声声传"班本课程中，挑战自我，找到了传统游戏的快乐。

打开中华民族的传统游戏宝库，我们不难发现，中华民族在悠久的历史进程中，创造了灿烂而辉煌的传统游戏文化。幼儿从小接受我国优秀文化的熏陶，在耳濡目染中深刻理解到中华传统文化的真谛，从而自觉加入中华优秀传统文化的传承与保护中。传统游戏给幼儿提供了发扬传统、一展童真的天地。幼儿尽情地享受游戏，通过在游戏中想象与探索，让身体和个性在欢乐和喜悦中发展起来。让我们跟随幼儿的探索，一起走进传统游戏吧！

二、主题目标

1. 了解民间游戏的种类，知道民间游戏是中国的传统游戏。
2. 体验传统游戏的不同玩法，在传统体育游戏活动中发展动作的协调性、灵活性。
3. 能遵守游戏规则，对传统游戏产生浓厚的兴趣。
4. 喜欢传统游戏，感受传统游戏的趣味性、多样性，体验与同伴游戏的快乐，在探索中传承和弘扬传统游戏。

三、主题内容表

主题名称	年龄段	主题名称	家园共育形式呈现
传统游戏	中班	趣探小陀螺	1. 亲子共同完成"传统游戏采访表" 2. 完成亲子自制绘本"我与陀螺的故事"
	中班	小空竹　大乐趣	1. 亲子调查"空竹大揭秘" 2. 亲子共同体验空竹游戏 3. 在幼儿成功转动空竹时,家长录制视频并记录下来
	大班	民间游戏韵 童谣声声传	1. 亲子共同完成"民间游戏大调查",了解民间传统游戏的玩法 2. 开展"皮筋大寻找"亲子活动,幼儿和家长一起寻找皮筋在生活中的用途以及种类 3. 亲子共同完成"趣玩皮筋调查表",了解跳皮筋的相关童谣

中班班本课程：趣探小陀螺

重庆市九龙坡区实验幼儿园教育集团　赵璐　甘芳

"传统游戏是什么？""陀螺为什么可以转起来？""陀螺为什么转一会儿又会倒下去？"等等问题都是萦绕在孩子们心中的疑惑。发现问题、提出问题、思考问题、观察记录、对比讨论使他们最终得出结论：要用最尖的木棍做陀螺轴、在最光滑的平面转动，可以让摩擦力变小，可以让陀螺转得最久。孩子们在简单的游戏中探索出了宝贵的经验，真正做到了在玩中学、学中玩。

一、课程缘起

在日常教育中积极融入传统文化元素，开展传统文化课程一直是我园教育特色中最有魅力的板块。通过故事讲述、传统节日庆祝、手工艺制作等多种形式，孩子们在轻松愉快的氛围中感受传统文化的魅力，培养文化自信与民族自豪感。同时，我们也鼓励家长与孩子共同参与传统文化活动，共同传承与弘扬中华优秀传统文化。

本学期我们从了解传统游戏入手，在几次认识传统游戏的活动后，我们发现班上孩子对陀螺这种游戏最感兴趣。《3—6岁儿童学习与发展与指南》指出，"兴趣是指引儿童积极、主动地探索和认识周围世界的动力，是儿童学习和发展的内在动力。"因此，我们顺着孩子们对陀螺产生的好奇与兴趣向后延伸，生成了"趣探小陀螺"班本课程。

二、课程实施

（一）认识陀螺

1. 认识传统游戏

（1）社会活动：传统游戏是什么？

师："小朋友们，你们知道传统游戏是什么吗？"

幼："就是爸爸妈妈小时候玩的游戏。"

师："爸爸妈妈、爷爷奶奶小时候玩什么呢？"

幼："不知道。"

课程初期，针对话题"传统游戏是什么"，孩子们进行了自由交流。他们了解到传统游戏就是在爷爷、奶奶、爸爸、妈妈小时候玩的游戏，知道在那个年代由于经济和科学不发达的限制，孩子们的玩具基本上都是自然物或自制的玩具；且初步了解到，传统游戏有玩陀螺、打豆腐干、抓子儿、东南西北、火柴飞机、风车等。

初步了解传统游戏

（2）社会实践活动：传统游戏采访

"叔叔（阿姨），你好！请问你知道传统游戏吗？你玩过哪些传统游戏呢？"周末时间，孩子们变身为一个个小记者，在爸爸妈妈的带领下，在小区、社区、路边等地方采访叔叔阿姨、爷爷奶奶。瞧，小记者们都有模有样的呢！

舟舟在采访 　　妍妍在采访 　　初初在采访 　　妮妮在采访

（3）区角活动：传统游戏玩意儿多

根据传统游戏主题，我们创设了传统游戏区角。孩子们在区角用废报纸折了东南西北、豆腐干、风车，用火柴棍做了火柴飞机，用废纸板制作了陀螺。在户外活动时间，孩子们将自制的玩具带到了操场，玩得不亦乐乎。

一一折豆腐干 　　果果折东南西北

东南西北娃娃 　　玩东南西北 　　打豆腐干

2. 认识陀螺

（1）谈话活动：最喜欢的传统游戏

"孩子们，你们做了那么多传统游戏会用到的玩具，你们最喜欢哪种传统游戏呢？"孩子们纷纷说出自己喜欢的游戏。我们进行了自主投票活动，最终得票最多的是陀螺游戏。

（2）陀螺大搜集

孩子们不仅在区角里用各种材料自制了很多陀螺，还将家里各种陀螺玩具带到了幼儿园。根据孩子们带来的陀螺玩具，我们开展了科学活动"陀螺的种类"。孩子们用了解到的分类方法将带来的陀螺分成了三类：线轴陀螺、发条陀螺、电动陀螺。

陀螺分类

（二）趣玩陀螺

1. 陀螺大 PK

孩子们从家里带来了各种各样的陀螺玩具，在区角和户外时间，孩子们都喜欢拿起自己带来的陀螺邀请小伙伴一起玩耍，有的小朋友邀约起小伙伴进行陀螺 PK，看谁转得最久谁就赢。可是在玩耍的过程中，出现了想要参与的小伙伴越来越多、某个种类的陀螺老是输等问题，孩子们产生了许许多多的矛盾。梳理问题后教师发现：第一，没有比赛规则，导致比赛场面混乱；第二，没有规定比赛场地；第三，没有比赛记录。根据这三个问题，我们开展了社会活动"比赛需要遵守哪些规则"、科学活动"陀螺分类赛"、区角活动"搭建比赛场地""自制比赛记录表"。最后，孩子们自主讨论，在完成场地的搭建和记录表的设计后，开展了一场精彩的陀螺 PK 赛。

操场玩陀螺 　　　　教室玩陀螺 　　　　记录表

2. 话陀螺

我们在五大领域教学活动中，也开设了关于陀螺的课程，如：读绘本《陀螺》《神奇陀螺书》《要是陀螺转起来》等语言活动、音乐活动"陀螺转啊转"、美术活动"陀螺的畅想"、数学活动"新旧对对碰"等。

语言：陀螺 　　　　儿歌：抽陀螺

3. 自制陀螺

孩子们对陀螺游戏的热情高涨。他们在区角游戏时，发现了更多可以做成陀螺的材料。瞧，他们用雪糕片、瓶盖、纸板、黏土等材料做陀螺面，用一次性筷子做陀螺轴，制作出了一个个漂亮的陀螺。

| 雪糕片陀螺 | 瓶盖陀螺 | 纸板陀螺 | 积木陀螺 |

4. 亲子趣玩

孩子们将自制陀螺的方法带回了家，当起了家中小老师，教爸爸妈妈做陀螺、玩陀螺，还邀请爸爸妈妈协助自己把制作陀螺的过程或玩耍陀螺过程中有趣的事情记录下来，绘制成了一本本亲子故事书。之后，他们又将自制的故事书带到幼儿园，在同伴面前分享。

| 姐姐陪我做陀螺 | 爸爸做的鸡蛋陀螺 | 我和爸爸比赛玩陀螺 |

（三）趣探陀螺

1. 陀螺的转动

问题一：陀螺为什么会转起来呢？

"老师，陀螺为什么会转起来呢？"这个问题，要给孩子们解释清楚不容易。但教师没有放弃，想到了从惯性入手进行解释。惯性是生活中一种常见的现象，孩子们可以在游戏中观察到。生活中还有很多关于惯性的现象，想要了解更多当然就需要爸爸妈妈的协助了。

陀螺为什么会转起来？　　　　　　因为有陀螺轴

因为拉绳子才转起来　　　　　　因为惯性才转起来

问题二：陀螺为什么会停下来呢？

"老师，陀螺为什么转一会儿又会停下来呢？""你们坐车的时候打开窗户吹过风吗？有没有感受到风吹过脸庞的感觉？"孩子们最喜欢吹风了，都纷纷表示体验过风吹脸庞的感觉。"风吹过脸庞的时候会产生空气摩擦力，陀螺转动的时候与空气也会产生一种摩擦力，这种摩擦力会阻碍陀螺的转动，直到转动停止。当然，在陀螺转动的过程中，还有一个摩擦力是陀螺尖与地面产生的，它也会减慢陀螺的转动。"说到这里，孩子们似乎理解了，他们边做鞋子与地面摩擦的动作边问："就是这种摩擦吗？"我投去肯定的眼神欣喜地说："是的宝贝，鞋子与地面的摩擦让跑动的你快速停下来，它与转动的陀螺尖与地面的摩擦是同一种。"

哪里有摩擦力？　　　　鞋子下面有摩擦力　　　　搓手有摩擦力

问题三：为什么陀螺在教室地面总比在操场转得久呢？

孩子们的探索欲越发强烈，他们开始自己设计记录表，并用陀螺在教室地面、桌面、毛巾、抹布上实验。

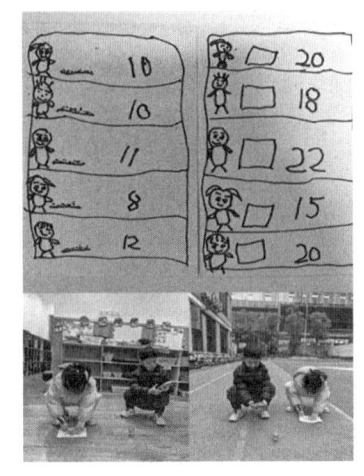

教室与操场对比实验 　　　　地面、布、毛巾对比实验

问题四：为什么同样在桌子上，用棉签棍做的陀螺比用一次性筷子做的转得久呢？

孩子们又开始了实验。他们将用棉签做的陀螺和用一次性筷子做的陀螺放在桌上、地面、抹布上进行实验，发现棉签棍做的陀螺都比一次性筷子做的陀螺转得久。他们把棉签棍和一次性筷子拿出来进行了对比，发现棉签棍比一次性筷子细。"老师，是不是转轴越细的陀螺转得越快呢？""嗯，有可能。""那我们可以用更细的东西来做转轴呀。"孩子们寻找更细的棍子，发现牙签最细，于是他们用牙签做了一个陀螺。接着，他们拿用一次性筷子做的陀螺、棉签棍做的陀螺和牙签做的陀螺进行了对比实验，发现牙签做的陀螺转的时间最久。

制作牙签轴陀螺 　　　　（一次性筷子、棉签、牙签）陀螺对比实验

孩子们通过不断地发现问题、提出问题、解决问题，在观察、对比、实验、记录中逐步培养了自身的好奇心、探索欲和独立思考能力。

2. 陀螺的应用

无论是陀螺线还是陀螺转动原理，在生活中的应用都非常多。特别是陀螺仪，作为现代科技中的一种重要传感器，在生活和科技中有着广泛的应用。通过观看陀螺仪的视频，孩子们对小小陀螺投来了好奇的眼神："老师，小小陀螺竟然有这么多神奇的作用，它到底还有多少秘密我们不知道啊？""是的，不起眼的小陀螺作用还有很多很多，等着你们去慢慢探索、慢慢发现。"

生活中陀螺线的运用　　陀螺仪在生活及科技中的运用

三、课程感悟

（一）充分尊重并体现幼儿的主体地位

班本课程的推进始终围绕着幼儿这一核心主体展开，充分尊重并体现了幼儿的主体地位。我们以孩子们对陀螺的兴趣作为起点，逐步深入展开活动。在过程中，我们高度重视孩子们所发现的问题，将其作为课程深化与拓展的根源。

（二）充分引导幼儿自主学习

通过引导孩子们主动参与、积极探索，鼓励他们发现问题、思考问题，并尝试解决问题。这样的活动方式不仅激发了孩子们的学习兴趣，还培养了他们的独立思考能力和创新精神，让他们在快乐中学习，在学习中成长。

（三）亲子教育是幼儿园教育中不可或缺的一环，有着至关重要的作用

在班本课程探索过程中，家长陪孩子进行的自制陀螺、自制绘本、亲子比赛、社区采访、感受惯性作用等活动，不仅增进了亲子间的情感交流，还促进了幼儿健康、全面地发展。

（四）以培养身心健康、全面发展的幼儿为宗旨

班本课程综合了幼儿园的五大领域，注重引导孩子们在实践中进行探索。通过丰富多样的活动，鼓励孩子们在实践中学习、在探索中成长，培养他们的好奇心、创造力以及解决问题的能力，注重培养孩子们喜欢表达、善于表达、喜欢科学、热爱生活的能力和情感。

中班班本课程：小空竹　大乐趣

重庆市九龙坡区实验幼儿园教育集团　苟荣誉　周光露

《3—6岁儿童学习与发展指南》指出，"幼儿的学习是以直接经验为基础，在游戏和日常生活中进行的。要珍视游戏和生活的独特价值，创设丰富的教育环境，合理安排一日生活。"幼儿园的课程不仅指幼儿园的学习生活，社会文化也是极其重要的内容，是幼儿园课程可利用的重要教育资源。

一、课程背景

空竹是一种民间游戏，也是中国的非物质文化遗产，有多变的动作和丰富的花样，重在技能和变化，同时蕴含着坚强、勇敢、创新的民族精神。

二、课程实施

（一）空竹游戏初探秘

孩子们通过视频、图片以及实物，初步感知了空竹的文化、结构、形状及特点，认识空竹，了解空竹，走近空竹，感受中国传统文化的魅力。

1.空竹文化趣味多

小魏："为什么叫空竹呢？"

里里："因为空竹没有在地上，所以叫空竹。"

好好："我猜它里面是空空的，所以叫空竹。"

小高："我听爷爷说过，空竹是一种传统文化，是非物质文化遗产。"

"空竹是什么？是用什么材料做成的？空竹都是一样的吗？它的名字为什么叫空竹呢？它为什么会作为非物质文化遗产被传承下来呢？"针对这一系列的问题，我们展开了一次调查，孩子们通过查阅资料、寻找身边的空竹、和爸爸妈妈讨论，有了诸多发现：

（1）空竹有很多的样式，以前的空竹还有各种各样的花纹。

（2）它是中国的一种传统玩具，有吉祥、福禄的寓意。

（3）它经历了很多次变化，以前的空竹还可以响。

孩子们在讨论中了解了空竹的奇妙之处，知道了空竹一直都在进步和发展。

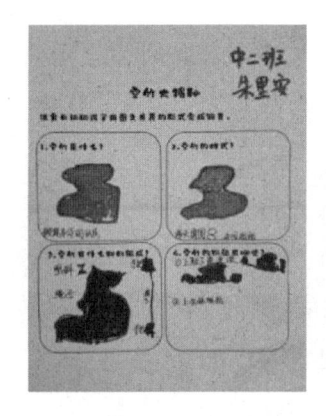

空竹小调查

在讨论中，孩子们认识了空竹，增进了对传统文化的了解和民族自豪感，但如何通过空竹游戏，更好地实现孩子们在身体发展、认知提升、情感培养和社会性发展等多方面的目标，值得教师思考。如：在身体发展方面，观察孩子们的动作协调性、平衡能力等是否得到了锻炼和提高；在认知方面，确定孩子们是否对空竹的结构、玩法以及相关传统文化有了更深入的了解。

2. 自主探索乐趣多

姝怡："我在外面看到过有个爷爷的空竹可以转起来。"

糖糖："空竹可以滚。我的空竹还可以滚很远。"

霆霆："空竹可以拉着我的小狗去散步。"

宇宇："看我的无敌风火轮。"

自主探索

（1）问题发现

在空竹活动中，孩子们总会花很多的时间在解绳子上，会耽搁游戏的时间。

均均："我看外面那些人的空竹可以转起来。为什么我一玩绳子就打结了呀？"

霖霖："老师，空竹线又缠在一起了，帮帮我吧！"

蔓蔓："可以像捆绳子一样把它捆起来。"

筱汐："我可以监督他们把空竹线整理好。"

实践一：将绳子整齐地理好后，还是很容易打结。

实践二：将绳子捆起来就不容易绕在一起了。

孩子们还编了一首好听的儿歌《收空竹》："空竹杆对整齐，空竹线绕呀绕，最后放在杆中间，空竹杆线收好啦！"

收空竹

孩子们在已有经验中，去发掘关于空竹的文化及其蕴含的含义，在活动中充分感知和体验，逐渐形成文化认同。同时孩子们利用自己已有的经验，在空竹活动中建立了属于他们的活动规则。在这一阶段可以看出孩子们的游戏能力，如，在创造性游戏中表现为利用空竹滚动、转动的特点进行简单游戏。

（二）我会的空竹技能

"哇！我昨天和爸爸妈妈一起看了一个关于空竹的视频。他们太厉害了！我现在也可以把空竹拉起来了！"天天的分享拉开了我们的空竹技能探秘之旅。这个阶段既是对空竹技能的探索，也是对速度和平衡的探究。关于空竹的秘密你知道吗？在前一阶段活动中，我们发现孩子们已经能总结简单动作，所以在这一阶段，我们要引导孩子们有意识地总结自己的动作要领，并用简单的语言进行表达，发现问题积极去探索和总结，尝试和伙伴互相学习。

1.转动很容易，平衡不简单

将空竹线上好扣，就可以拉动空竹转起来了！

空竹转起来

发现问题：

垚垚："我的空竹拉起来一会儿就会歪掉，然后掉下来。"

小溪："我偶尔可以保持空竹一直转，但是也会掉下来。"

舒钰："老师，你可以帮帮我吗？"

问题解决：通过观察老师的操作与讲解，孩子们发现原来用线去碰空竹是可以调节空竹平衡的。

实践一：怎么调平衡？

浩浩："为什么我的空竹有些时候能调平衡，有些时候不能？"

小杨："我发现空竹速度很快的时候调平衡很容易。"

调整平衡

实践二：怎么判断动作总结是有效的？

孩子们在过程中不断实践，并用简短的语言总结自己探索的动作要领。

里里："用右手的线去碰空竹才是调平衡，左手的线不能调平衡。"

安安："要保持空竹的转速才能调平衡。"

妙妙："他们每个人都有自己的看法，我们怎么知道他们说得对不对呢？"

于是孩子们围成一个圈，一起观看其他小朋友实践、总结出的方法。

观察、讨论

孩子们发现只做到其中一个动作要领,调平衡这个动作是完成不了的。于是大家商量要先把动作要领理清楚,一些小朋友来提醒,一些小朋友来操作,最后总结出调整平衡的动作要领:

(1)空竹是有方向的,要空竹轴的红色或黑色对着自己。要是有其他的颜色,那要自己试一试,应该哪个方向对着自己。

(2)空竹的转动速度要很快。

(3)空竹轮,哪边高调哪边。

(4)右手空竹线碰空竹。

2. 空竹抛高大挑战

在大家都会调整平衡后,孩子们开始尝试其他的动作了,最多的就是抛高。

坤坤:"老师,我想抛高,你能告诉我抛高要怎么做吗?"

依祎:"或者老师你做一下动作,我们观察观察,看我们能不能发现你成功的秘密。"

晨辰:"老师,你的动作可以慢一点,不然我看不清楚。"

孩子们在寻求老师帮助的过程中有目的、有要求地提出问题,这是一个主动学习的过程。过程中,他们会主动说出自己对动作要领的见解:调整平衡、解扣、抛起、接住。老师在演示时,在重点处演示了两个不一样的动作。细心的孩子发现,线打直是会接住的,线放松是接不住的。孩子们在总结后又继续探索。

再次摸索

在孩子们进行空竹游戏时，教师要进行适时的引导和启发。例如，当孩子遇到困难或出现错误动作时，教师可以通过提问、示范等方式，引导孩子们自己思考和解决问题；当孩子们对游戏失去兴趣或出现疲劳时，教师可以及时调整游戏形式或引入新的游戏元素，重新激发他们的兴趣。

三、课程感悟

一次次的挑战被分解成各种各样的游戏任务，让孩子们在直接感知、实际操作和亲身体验中获得更多平衡、协调与力量锻炼，不断提高控制水平、运用水平和熟练水平。同时，孩子们在空竹游戏探究的过程中遇到困难主动寻求解决，始终保持积极情绪，形成了良好的情绪体验，养成了积极主动、认真专注、不怕困难、敢于尝试和创造的良好学习品质，人际交往能力也进一步得到提升。

孩子们对空竹从一开始的完全不懂到慢慢熟悉，在一点点地进步。通过体验、探索与学习，孩子们对中国传统游戏抖空竹产生了更加浓厚的兴趣。相信孩子们未来可以突破自我，把空竹玩得更棒。

大班班本课程：民间游戏韵　童谣声声传

重庆市九龙坡区实验幼儿园教育集团　唐玉婷　程家佳

一、课程缘起

户外游戏时，芝涵和诺诺几个小朋友在一起玩"老鹰捉小鸡"的游戏。孩子们七嘴八舌地谈论起来。

芝涵："我喜欢玩'老鹰捉小鸡'的游戏。"

晋颜："我会滚铁环。"

媛媛："我哥哥教我玩'老狼老狼几点了'的游戏，可好玩了。"

楚颐："我会玩'丢手绢'的游戏呢！"

涵涵："我踩高跷很厉害喔！"

带着这些问题，孩子们一起拉开了探索民间游戏的帷幕。

《3—6岁儿童学习与发展指南》指出，"要善于发现和保护幼儿的好奇心，充分利用自然和实际生活机会。"游戏是幼儿园的基本活动。为让孩子们更好地了解民间游戏、爱上民间游戏，我们决定开展班本课程"民间游戏韵　童谣声声传"，鼓励孩子们在快乐的玩耍中启迪心智、强健身体、玩出创意、玩出智慧。

二、课程实施

（一）初识民间游戏

1. 民间游戏是什么

"民间游戏到底是什么呢？"集中活动时，孩子们和同伴展开了激烈的探讨。

溪溪："民间游戏是什么？我玩过的有区域游戏、户外游戏，就是没玩过民间游戏。这是什么游戏呢？"

悦悦："民间游戏就是踢毽子、跳房子。"

博博："我知道'老鹰捉小鸡'。"

桐桐："我玩过'石头剪刀布'。"

峰峰："不知道爸爸妈妈小时候玩过什么游戏，我回家问一下他们吧！"

2. 民间游戏大探索

（1）亲子调查

民间游戏丰富多彩。通过与孩子们的分享交流，我们发现他们对常见的老鹰捉小鸡、踢毽子、捉迷藏、跳房子这几个民间游戏了解比较多，对一些不常接触的民间游戏了解比较少。民间游戏有哪些？它们应该怎么玩？带着问题，我们携手家长，将孩子们的探究活动延伸到生活中去。孩子们在家长的陪伴下探寻各种各样的民间游戏，发现并了解了不同民间游戏的特点与玩法，感受到了民间游戏给童年带来的欢乐与趣味，并在家长的协助下完成了"民间游戏调查表"。

孩子们在分享调查结果

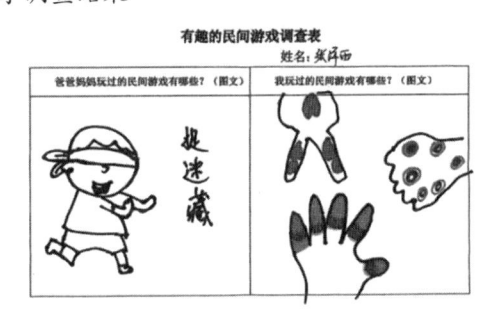

有趣的民间游戏调查表

（2）我喜欢的民间游戏

和爸爸妈妈一起探寻之后，我们追随着孩子们的兴趣，开展了一场关于"我最爱的民间游戏"分享交流会。孩子们把自己喜欢的民间游戏画了下来，并和同伴一起分享交流。让我们一起看看他们最喜欢的民间游戏吧！

| 123木头人 | 跳房子 | 跳皮筋 |

玩这些民间游戏需要收集哪些材料呢？它们都有哪些玩法呢？

瑜瑜："滚铁环需要铁环。我们把铁棒穿在圆环里，推着向前走，看看谁推的时间长。"

荻荻："跳皮筋需要一根皮筋，可以几个人一起跳皮筋。"

彤彤："抽陀螺需要陀螺，要让陀螺转起来，然后用绳子抽它，不能让它停下来。"

原来，民间游戏所需要的材料都比较简单，很多都是我们在生活中随处可见的。而且同一样物品可以有很多不同玩法。真神奇啊！

了解了这么多好玩的民间游戏过后，有小朋友提出疑问："民间游戏和我们幼儿园的区域游戏、户外游戏有区别吗？"通过讨论，孩子们发现：区域游戏每个区里都有很多区域材料，民间游戏的材料比较简单；区域游戏要在教室里玩，民间游戏可以在教室里玩，也可以在户外玩。

3. 民间游戏投票

调查了那么多好玩的传统民间游戏，我们决定让孩子们自己选择喜欢的民间游戏。于是我们发起了一场民间游戏的投票。在投票的过程中，孩子们非常期待自己喜欢的游戏能够被选中，但大部分孩子都自觉遵守规则，给最喜爱的民间游戏进行投票。通过这一活动，最终确定了孩子们最感兴趣的民间游戏是"跳皮筋"。于是，一场有趣生动的探索皮筋之旅由此展开。

孩子们积极参与投票中

投票结果

4. 民间游戏绘本

民间游戏是一种朴实生动、取材方便、活动形式多样的游戏。我们通过绘本《老狼老狼几点了》《麦麦蹲》《跳房子》让幼儿初步了解了什么是民间游戏。

幼儿和老师一起阅读绘本

在"初识民间游戏"的课程实施过程中，我们通过引导幼儿探索和讨论民间游戏，培养他们的好奇心和探究欲望。我们鼓励孩子们与家长共同完成调查，分享他们对民间游戏的认识和兴趣。这样的活动不仅提高了幼儿的语言表达和社会交往能力，也增进了亲子间的互动和情感交流。通过这些活动，孩子们在社会和语言领域得到了发展，活动体现了《3—6岁儿童学习与发展指南》中提倡的通过实践活动促进幼儿全面发展的教育理念。

（二）玩转民间游戏

1. 皮筋知多少

（1）皮筋是什么

"跳皮筋"是我国传统的民间体育游戏之一，它可以锻炼幼儿的跳跃能力和下肢力量，还让幼儿对体育活动产生浓厚的兴趣。那皮筋是什么？它有哪些特点呢？

立勤："皮筋就是像绳子一样的东西。皮筋是女孩子用来扎头发的。皮筋有长长的，还有短短的。"

子涵："皮筋是有弹性的。皮筋是可以让我们小朋友跳的。皮筋可以拉得很长，不拉了它又会变短。"

锦怡："皮筋还可以绑东西呢，女孩子扎头发就是用的皮筋。"

月月："皮筋跟绳子差不多，也能用来绑东西，但皮筋有弹性。"

泽雨："我刚才把皮筋弹到手上了，有点疼。"

（2）皮筋 VS 绳子

皮筋是绳子吗？带着这个疑问，孩子们进行了对比和探索。

孩子们正在测量长度

孩子们通过测量和比较的方式，发现绳子拉不动，长度不变；皮筋能拉很长，还可以弹回去。

孩子们正在绕一绕

通过缠绕的方式，孩子们发现：绳子可以绕一圈，一样长的皮筋可以绕两圈；如果再用力拉长一点，皮筋还可以绕更多圈。

孩子们通过自由讨论、自主探索，进一步感知了皮筋的特点。同时在合作探究的过程中，孩子们的观察能力和动手能力也有了提升。

（3）家园联系：生活中的皮筋

那皮筋会用在哪里呢？孩子们和爸爸妈妈一起寻找生活中的皮筋，并用记录表记录它们的用途。

（4）分享交流：我找到的皮筋

亲子调查之后，孩子们和好朋友互相分享自己找到的皮筋，让我们来看看他们到底从何处找到了皮筋。

| 这是我家里的皮筋绳 | 妈妈手机链上的皮筋 | 口罩上有皮筋 | 表演区的面具有皮筋 |

（5）观察皮筋

寻找皮筋的过程让孩子们对皮筋的兴趣更加浓厚。为进一步支持孩子们对皮筋的探索行为，我们一起寻找各种各样的皮筋，一起探索皮筋的更多秘密。

西西："哇，好多种皮筋呀！"

颜颜："这些皮筋有的粗有的细。"

皓皓："我手上的皮筋长长的，有点粗。"

怪怪："它们五颜六色的，很好看。"

嘉嘉："我觉得我手里这根超级长皮筋可以用来跳。"

在调查中孩子们了解到，皮筋跟绳子类似，有不同的种类，并且具有一定弹性，可以固定物品，为我们生活提供方便。通过观察比较，孩子们找到了可以跳的皮筋绳，这激起了他们对跳皮筋的兴趣。那皮筋到底要怎么玩，怎么跳呢？孩子们针对这个问题开启了皮筋初体验的探索。

2. 皮筋初体验

孩子们在户外游戏场地开始尝试玩皮筋。

（1）自由探索跳皮筋

初次接触皮筋，孩子们显得特别兴奋，结伴而行开始探索皮筋怎么玩。通过小组探讨研究，他们玩出了多种花样。有的小组在皮筋上沿直线或者 S 线走；有的小组用皮筋拔河，有的小组在玩新版的老鹰捉小鸡，有的小组甚至拿皮筋当跳绳……

皮筋上直线行走 　　　　我可以在皮筋上沿 S 线行走 　　　快来看呀，我们在用皮筋玩"拔河"游戏

皮筋版"老鹰捉小鸡"  　　　　　　　　　　　　　　我拿皮筋当跳绳

（2）皮筋撑着跳

民间游戏跳皮筋是怎么玩的呢？我们查阅了大量资料，发现皮筋的玩法特别多，于是孩子们选择了几种喜欢的方式进行游戏。

双脚挨个跳 　　　　　　开合跳

单脚跳　　　　　　　　　　踩绳跳

随着时间的推移，孩子们探索出来的新玩法在逐渐减少。慢慢地，孩子们对跳皮筋的兴趣也在降低。如何让跳皮筋更好玩呢？为此我们又组织了一场讨论。

3. 皮筋再探索

（1）皮筋童谣知多少

通过孩子们的讨论，我们决定用童谣的方式进行新一轮的皮筋探索。在民间到底有哪些关于跳皮筋的童谣呢？有的孩子从爸爸妈妈那里得知跳皮筋有配套童谣，那我们就先去家长的童年里寻找答案吧！

孩子们的调查表

通过调查，孩子们发现：民间关于跳皮筋的童谣有很多，每一首都很押韵，有的童谣还有很强的节奏感。

（2）皮筋童谣乐

我们和孩子们一起选取了几首简单、欢快又耳熟能详的童谣进行跳皮筋游戏，如《马兰开花二十一》《小河流水哗啦啦》《高跟鞋》《编花篮》等。孩子们还在游戏中融入了我们之前学习了解到的双脚跳、单脚跳、开合跳等基本玩法。

（3）我的新童谣

童谣和跳皮筋碰撞出了不一样的火花，也让孩子们感受到民间游戏带来的独特魅力。孩子们在游戏中提出了新的想法：能不能根据以前的童谣创编出新的童谣与玩法呢？

经过几番筛选，我们决定结合《编花篮》和《马兰开花二十一》这两首童谣创编出属于我们自己的皮筋童谣。

《跳皮筋》　　　　　　《小兔真机灵》

（4）创新玩皮筋

孩子们不仅创编出新的童谣，还对应着童谣中的元素探索出更多有趣与新鲜的花样玩法。他们一边唱着自己创编的童谣，一边用各种跳跃方式穿梭在皮筋间。整个游戏中充满了创意和欢乐，孩子们的协调能力与合作意识也在不知不觉中得到提升。

双绳交叉跳　　　　　　　三人撑绳跳　　　　　　　四人撑绳跳

从学习民间童谣到创编新童谣再到创新玩皮筋，我们逐步引导孩子们在语言、想象、动作等多方面实现发展。通过观察孩子们在活动中的表现，能看到他们在积极主动地探索与学习，不仅提升了创造力与合作能力，还在童谣与皮筋的互动中增强了节奏感和肢体协调性。在后续班本课程探索中，可进一步拓展类似的民间游戏与文化元素的结合，为孩子们提供更丰富多元的学习体验，持续促进孩子们的全面发展。

（三）民间游戏大家玩

孩子们在探索皮筋之旅中还发现了很多其他民间童谣。"丢，丢，丢手绢，轻轻地丢在小朋友的后面，大家不要告诉他。快点快点捉住他，快点快点捉住他！" "这首童谣妈妈小时候就教会了我，我特别喜欢这首童谣。"

丢手绢

在《城门城门几丈高》的歌谣里，他们又化身古代小士兵，在模拟的城门间穿梭嬉戏，感受着川渝童谣与游戏结合的独特魅力。

"城门城门几丈高"游戏

在《外婆桥》的温柔吟唱中，孩子们在游戏中体验到亲情的温暖与美好。

"外婆桥"游戏

孩子们通过这些民间童谣游戏，学会了合作、分享与竞争，更深入地了解了本土文化，增强了民族自豪感和文化自信心。它们不仅是娱乐的方式，更是连接过去与现在、传承民族精神的重要纽带。

三、课程感悟

《3—6岁儿童学习与发展指南》中健康领域动作发展目标指出，"幼儿要具有一定的平衡能力，动作协调、灵敏。"跳皮筋能发展孩子们双脚协调跳和单脚平衡跳的能力，发展其力量、柔韧、灵敏等身体素质，是提高弹跳力和平衡力的有效手段。

在刚刚开始接触跳皮筋的活动时，我们以孩子们的兴趣为出发点，不断关注生活中的教育价值，聚焦问题，鼓励孩子们通过行动解决问题、拓展经验。同时我们也让老游戏焕发出新活力，孩子们通过多次体验探索，创新皮筋游戏，从第一次初体验传统跳皮筋，到第二次让跳皮筋与童谣结合，到尝试自己创编童谣，再到探索更多趣味无穷的皮筋玩法，孩子们在提出问题、设计讨论、解决问题、游戏实践中提高了团结合作、勇于挑战、乐于思考、解决问题等能力和品质，同时也锻炼了自身的各种跳跃能力。

  一根根皮筋，就是一个个有趣的故事，是孩子们童年的美好回忆。游戏中，孩子们积极探索，创新跳皮筋游戏的玩法，在探索、尝试中不断挑战和收获，体验着民间传统游戏带来的乐趣。传统游戏也在孩子们的快乐身影下焕发出新的生机！

第七章

民间技艺

民间技艺

一、主题说明

在浩瀚的中华大地上，诞生了无数精妙绝伦的民间技艺，它们如同一颗颗璀璨明珠，镶嵌在华夏文明的长河中，熠熠生辉。探索民间技艺是一段穿越时空的旅程，让幼儿沉浸式感受中华民族五千年文明的博大精深，体验流传千年的智慧与匠心。

中草药，让孩子们在自然的芬芳中，了解草药的药性与功效，也在心灵深处种下敬畏自然、珍视生命的种子；养蚕、抽丝与织造，这是一段关于生命与艺术的奇妙旅程，幼儿见证了蚕宝宝从卵到成虫的成长历程，并亲手抽取柔软坚韧的蚕丝，体验中国传统丝织文化的独特韵味。

此外，造纸、制香、陶艺、编织……每一项技艺都承载着厚重的历史与文化。幼儿在动手实践中，不仅习得古老技艺的巧妙，还在创新中找到了属于自己的表达方式。他们用自己的小手，创造出一缕缕余韵悠长的香、一把把充满诗意的扇子、一件件精美的陶艺作品……他们用自己的智慧与双手，编织出色彩斑斓的未来画卷。这些作品，是对民间技艺的传承，更是幼儿对美好生活的向往与追求。

中国传统民间技艺，是匠心的呈现，也是文化的传承。它们让幼儿在潜移默化中增进对民族文化的了解和自信心，以及对工匠精神的理解和对生活的感受力。在这些充满爱与智慧的课程里，幼儿不仅能获得知识与技能，还能收获成长与快乐。让我们携手并进，共同探寻民间技艺的瑰宝，让这份珍贵的文化遗产，在幼儿的手中，绽放出五彩光芒。

二、主题目标

1. 了解并欣赏中国民间技艺的多样性与深厚文化底蕴。
2. 掌握一些简单的基础民间技艺，培养动手实践与创新能力。
3. 激发对中国传统文化的热爱与自豪感，增强文化自信。

三、主题内容表

主题名称	年龄段	主题名称	家园共育形式呈现
民间技艺	中班	造纸社的故事	亲子共同完成作品参加纸艺展

续表

主题名称	年龄段	主题名称	家园共育形式呈现
民间技艺	中班	香之旅	亲子活动：香的价值
		陶陶的世界	1. 亲子参观陶艺博物馆 2. 亲子调查：陶器探秘
		小小"丝"旅家	1. 亲子调查表：蚕宝宝 2. 养蚕日记：收集桑叶
	大班	神奇的中草药	亲子调查表"中草药我知道"
		探秘编织	1. 编织大调查 2. 寻找编织材料

中班班本课程：造纸社的故事

重庆市九龙坡区实验幼儿园教育集团　张娇　郝芳艳

一、课程缘起

（一）幼儿有极大的探索兴趣

在新班级的科学区里有一套造纸工具，孩子们对此充满了兴趣，表现出强烈的好奇心和探究欲望，想要动手尝试制作属于自己的纸张。

（二）中班幼儿的身心发展达到一定水平

中班幼儿的逻辑思维能力明显增强，能够理解简单的概念，掌握基本的规则，活动的目的性也更加明确。孩子们的小肌肉动作协调能力有了显著进步，能够更加精细地操作工具。此外，他们的社交能力和合作意识也在不断增强，愿意与同伴一起完成任务。

（三）该主题有利于传承中华优秀传统文化

该主题引导幼儿认识中国古代四大发明之一的造纸术，了解这一伟大的发明，初步接触中国悠久的历史文化。孩子们在亲手体验造纸的过程中，逐渐增强对传统文化的认知，培养社会文化自信，并激发强烈的民族自豪感。

二、课程实施

（一）造纸之初

1. 了解中国古代四大发明

我们通过故事讲述、图片展示和视频播放的方式，向孩子们介绍了中国古代四大发明，并重点讲解了造纸术的历史背景和重要性。孩子们对蔡伦的故事非常感兴趣，对古代科学家的智慧充满敬佩。

2. 认识各种各样的纸张

我们展示了不同种类的纸张，如宣纸、卡纸、牛皮纸等，并让孩子们亲手触摸、比较，感受不同纸张的特点。孩子们带来了家里不同的纸张，在"纸张展览会"活动中，分享它们的用途。

3. 探究纸的大小、材质、厚度和吸水性

我们设计了一系列实验活动，如用水滴测试纸张的吸水速度，用尺子测量纸张的厚度，通过撕扯比较纸张的韧性。孩子们记录了自己的观察结果，并用图画或简单的文字表达自己的发现。

4. 发现生活中的纸艺品

孩子们参观了幼儿园内外的纸艺作品，如剪纸、折纸、纸雕等。孩子们在老师的引导下，尝试制作了简单的纸艺品，如折纸飞机、剪纸窗花等。

5. 班级环境创设：造纸社

班级内设立了专门的"造纸社"区域，配备了必要的工具和材料，如纸浆、模具等。孩子们在这个区域内进行了多次造纸尝试，逐步熟悉造纸的过程。班级墙面张贴了关于造纸的历史图片和流程图，激发了孩子们的探索兴趣。

（二）造纸之术

1. 调查造纸的原材料和步骤

我们组织了一次"探秘·造纸大搜索"活动，孩子们在校园或附近的自然环境中寻找可用于造纸的植物纤维。通过图片和实物展示，我们详细介绍了造纸的基本步骤：浸泡、打浆、抄纸、压榨、干燥等。孩子们观看实际操作过程，并动手尝试了部分步骤。

2. 梳理调查后的结果

思维地图是学习者理解与记忆知识的一种学习工具，有利于促进幼儿深度学习。适合幼儿深度学习的思维地图包括圆圈图、气泡图、流程图、树状图、括号图等。孩子们调查之后，发现纸可以用废纸、报纸、玉米皮、草和树皮等来制作，教师引导幼儿用气泡图的方式整理所获得的新知识经验。

乐乐："报纸可以用来做纸。"

一一："蔡伦造纸就是用的树皮。"

小熠:"草也可以做纸呢!"

乐乐:"好像玉米皮也能造纸!"

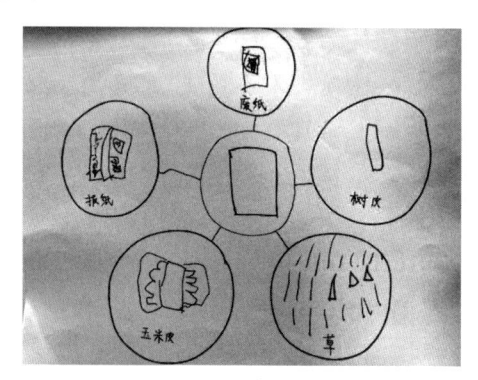

造纸原材料总结图

3. 第一阶段:废旧纸造纸法

(1)造纸之前:需要用到哪些工具和材料呢?

孩子们在了解到造纸方法后,迫不及待地想用班上的废旧纸造纸。一一:"老师,我知道怎么造纸,要把纸撕碎,加一点乳白胶,还要搅拌,最后再捞起来。"老师:"那需要用到哪些工具呢?"乐乐:"盆子。"曦曦:"勺子!可以舀纸浆。"一一:"还有搅拌的东西。"老师:"那是鸡蛋搅拌器。"孩子们的回答显示出他们对造纸步骤已经有了初步的认识,同时也体现了他们对动手操作的热情。通过这样的对话,孩子们不仅巩固了知识,还增强了参与感和自信心。

孩子们收集的工具

(2)捋清造纸步骤

在孩子们的要求下,我们再次观看了用废旧纸张造纸的视频,并用流程图的方式记录下造纸步骤,让自己的思路更加清晰。"先把纸撕碎,然后倒水进去,再加乳白胶,搅拌一下……"乐乐一口气把制作过程全说完了。"那我们把制作过程记录下来吧!"

通过再次观看视频,孩子们对造纸的步骤有了更深刻的印象。乐乐一口气说完制作过程,显示出他对整个流程已经非常熟悉。绘制流程图不仅有助于孩子们巩固记忆,还能够帮助他们在实际操作时更有条理。

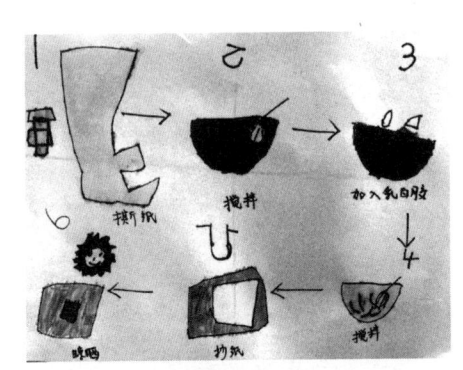

造纸步骤流程图

（3）材料：美工区的废旧卡纸

第一次尝试：

撕纸 　　　　　　加水、乳白胶 　　　　　　捞纸

孩子们兴奋地把第一次做的纸拿到走廊晾晒，终于等到纸彻底干燥之后，把纸取下来却发现一些问题。

老师："你们瞧，我们造的这张纸有什么问题？"乐乐："这里缺了一片。"

老师："请小朋友们摸一摸，感觉怎么样？"瑶瑶："它好厚呀！"一一："它容易坏。"

通过这次尝试，孩子们发现了许多问题。乐乐指出纸有缺片的情况，瑶瑶注意到纸太厚，而一一则认为纸容易损坏。这些问题反映出孩子们对纸的质量有了直观的感受。

第一次反思记录：

教师和孩子们共同梳理在第一次造纸后发现的问题，并引导他们用括号图的方式记录下来。这种方式不仅能帮助孩子们整理思路，还能让他们更清晰地认识到问题所在。

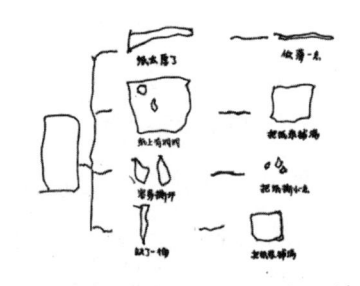

造纸出现的问题及解决方法

第二次尝试：

第二次造纸前，孩子们吸取了上次的经验，把纸撕得更小，在造纸框上把纸铺得满满的，没留一点儿缝隙。在铺纸的时候，也特别注意了纸浆的量。这一次，孩子们造出的纸更薄，拿在手上不会裂开，大家都很有成就感。

一一："这张纸没有洞洞啦！"

乐乐："我可以在上面画画吗？"老师："当然可以。"

铺纸框

通过第一次尝试和反思，孩子们根据已有的间接知识经验，通过直接操作进行了初步的实践探索。第二次尝试中，孩子们明显改进了铺纸的方法，使得造出的纸更加均匀、结实。孩子们在实践中不仅提升了动手能力，还增强了对废旧纸再造法的认知。

（4）材料：小朋友自带的报纸

这天，骁骁小朋友恰好从家里带来了报纸，小朋友们便提出请求："老师，我们想用报纸造纸……"

乐乐："我们可以把报纸撕碎，再倒乳白胶进去，然后搅拌搅拌就可以啦！"大家齐呼："好呀好呀！"

于是，大家开始新的探索。

有了前期的实践经验，大家做事儿更顺畅了。撕报纸、加水，搅拌纸浆，抄纸晾晒，一系列工作都能自主完成！

有的小朋友在撕纸的时候，由于精细动作能力有限，撕出的纸张有点大，旁边的同伴还会提醒，要把纸撕小块一点。

一起造纸

纸张晒干后，乐乐迫不及待想要揭纸，撕下纸张的时刻，他非常小心翼翼，害怕把纸撕坏。

兴趣是最好的老师，正如孔子所说："知之者不如好之者，好之者不如乐之者。"孩子们对造纸的兴趣浓厚，一句"老师，什么时候造纸啊？"足以表明他们强烈的探究欲望。通过对废旧纸张再造纸的实践探索，孩子们不仅掌握了造纸的基本步骤，还对废旧纸张的再利用有了新的认识。孩子们在实践中不仅锻炼了动手能力，还增强了环保意识。

4. 第二阶段：植物纤维造纸法

（1）活动1：玉米皮造纸

在孩子们分享对造纸原材料的调查时，曼曼非常激动地介绍可以用玉米皮造纸。经过询问，原来曼曼的妈妈在家给她看了玉米皮造纸的视频，她记忆犹新。我们决定将玉米皮纳入造纸原材料的范围中。可是，去哪里找玉米皮呢？

乐乐:"我回去跟妈妈说,让妈妈想办法。"曦曦:"我看到超市里面有玉米。"

我们发动家长,大家一起搜罗玉米皮。解决了玉米皮的问题,接下来该怎么做呢?应孩子们的请求,我们观看了曼曼看过的视频,发现玉米皮造纸需要好几个步骤。为了避免忘记,一一把制作流程记录了下来。

万事俱备,孩子们开始动手操作起来。

准备就绪

可用什么捶打煮好的玉米叶呢?孩子们找来各种可能会弄碎玉米皮的工具。

捶打玉米叶

结果不尽如人意。怎么办呢?

老师:"为什么会这样呢?"曼曼:"因为它是大片大片的,剪不碎。"
我继续追问:"那什么工具可以把玉米皮变得很碎很碎呢?"

乐乐:"搅拌机。"曼曼:"榨汁机。"瑶瑶:"我还知道破壁机。"于是瑶瑶从家里带来了一台榨汁机。接着,大家更改了玉米皮造纸的方案设计。最终玉米皮被榨汁机搅拌得越来越碎,孩子们看到榨汁机停止工作的那一刻,非常兴奋,迫不及待地拿出去晾晒。可是,新问题又出来了,一拿就碎,完全成不了一张纸。

玉米叶不容易碎

新的问题出现了

老师:"这是为什么呢?"骁骁:"肯定是因为没有加乳白胶。"

可是加入乳白胶还是没能成功。

通过多次操作尝试、请求家长帮助、调动家长经验,孩子们最终得出结论:搅碎的玉米皮里面还要加纸浆才行。

在玉米皮造纸活动中,孩子们通过设计流程图、寻找工具,反复探索、实践,发现问题、解决问题,最终造出了比较成功的一张纸。在这个过程中,教师的提问

成功造出玉米纸

起到了重要的引导作用。由于中班幼儿的注意力容易分散,思维容易被无关因素影响,因此教师的有效提问帮助孩子们整理思路,深入思考和探索,促进了孩子们的认知发展和问题解决能力的提升。

(2)小草造纸

随着孩子们一次次成功地造出了再生纸,老师也为孩子们补充了许多书籍资料。

补充图书资料

骆骆:"古时候蔡伦他们造纸用的都是大自然里的材料,好神奇呀!我们也好想试一试。"老师:"那你们想试试用什么材料造纸呢?"

经过大家投票,选用小草作为我们第一次尝试使用植物纤维造纸的材料。

孩子们开始在幼儿园里寻找小草。有的孩子在花坛边找到了一些嫩绿的小草,有的孩子则在操场角落里找到了长势较好的草。孩子们认真地采集,确保每一片草叶都干净无杂质。

采集小草

孩子们将采集来的小草清洗干净,然后放入锅中煮沸,再用搅拌机将其打碎成纤维。接着,孩子们按照之前的步骤,将打碎的纤维放入水中搅拌均匀,再用抄纸网捞起,平整地铺在模具上晾晒。

165

用小草造纸

初次经验：

小草纸晒干后，孩子们发现纸张都是碎碎的，无法完整地合在一起。

骆骆疑惑地问："为什么我们的纸这么容易碎呢？"老师引导孩子们思考："为什么会这样呢？"

再次经验：

孩子们决定在小草纤维中加入乳白胶，希望能让纸张更稳固。然而，加了乳白胶的小草纸仍然不够稳固，稍微用力就会破裂。

三次经验：

经过多次尝试，孩子们终于发现，原来需要在小草纤维中加入纸浆，这样才能让小草纤维更好地结合在一起。当纸浆和小草纤维混合后，纸张变得更加坚固，不易破碎。

通过这一系列的探索，孩子们不仅掌握了用小草造纸的方法，还深刻体会到实践中的问题解决过程。每一次失败都是宝贵的经验，让孩子们在实践中不断学习和进步。在这个过程中，孩子们通过动手操作，逐步掌握了用小草造纸的具体步骤。从最初的失败到最终的成功，孩子们经历了多次尝试和调整。教师的引导和书籍资料的帮助，为孩子们提供了理论支持，使他们在实践中不断积累经验，最终取得了成功。

（3）树皮造纸

秋季到来了，街边正在修剪树枝，我们捡了些树皮带回来造纸。

剪成小段——蒸煮——清洗——搅碎——浸泡——抄纸——晾晒

初次经验：孩子们发现树皮上有不少杂质，需要仔细清理干净，否则纸上会有许多黑色的点点。

再次经验：孩子们在操作中发现，较长的纤维导致纸张表面不平整。因此树皮的植物纤维需要剪得更短一些，不然纸张会太粗糙。

三次经验：树皮的植物纤维把破壁机都卡住了，再剪短点。孩子们意识到，纤维过长会导致机器堵塞，需要进一步剪短。

孩子们还尝试了用玉米皮、鸡蛋纸壳来造纸，花草纸、颜料染纸也非常神奇！

多种原料造纸

这些材料造的纸有什么不一样呢？

孩子们开始仔细观察和对比。小熠："它们的颜色不一样。"老师："如果让你用彩色马克笔来代表这些纸的颜色，会选择什么颜色？"小熠："玉米皮是黄色，又有点绿；报纸造的纸是灰色；草纸看起来有点褐色。"老师："那请你们根据不同颜色做个纸张的颜色卡片吧！"

乐乐："有的摸起来像有东西一样刮手。"老师："哪些摸起来扎手？"乐乐："玉米皮做的纸，还有草做的纸！"曼曼："报纸做的纸摸起来滑滑的。"老师："原来是它们的光滑度不一样。这是为什么？"乐乐："因为用的材料不一样。"曦曦："树皮纸摸着很薄。"

老师："其他的呢？"

曦曦："其他的厚一些。"老师："也就是说它们的厚度是不一样的。"

孩子们通过观察对比、总结归纳，进一步认识到不同材料造出来的纸是有区别的，包括颜色、厚度、光滑度等差异，这使幼儿的思维能力有了更深入的发展。

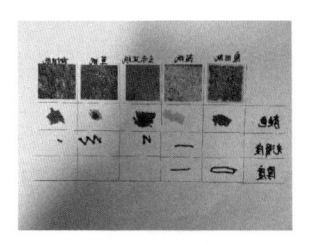

认识不同的纸

在造纸活动中，孩子们设计流程图、寻找工具，在一次次的实验中反复探索、不断对比实践，最终成功造出了一张像样的纸。在整个过程中，教师的提问支持显得尤为重要，教师的有效提问有利于幼儿整理思维，深入问题继续思考和探索。由于中班幼儿的注意目的性不够强，思维容易被无关因素影响，因此在幼儿探索过程中，教师有目的地提出引导性问题，激发幼儿进一步思考，探索新问题。

（三）造纸之趣

我们不仅利用再生纸创作出有趣的作品，还探究了很多关于纸的游戏与秘密。

1.纸的艺术

孩子们用再生纸制作了立体的山水模型，展示出绿水青山的美好景象；制作了精美的书签挂饰，挂在书本上既实用又美观。孩子们在刮画纸上创作，通过刮去表层，展现出下面的颜色，形成独特的图案；利用再生纸制作了风筝，在户外放飞，感受纸的轻盈与飞翔的乐趣；还用纸制作了立体纸盒，每个纸盒里都藏着一个精彩的故事。

立体纸塑《绿水青山》 　　　　　　　　纸书签挂饰

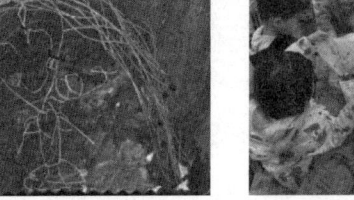

自制刮画纸 　　　　纸风筝 　　　　立体纸盒故事

2.纸与游戏

孩子们不仅在艺术创作中发挥了想象力，还在游戏中体验了纸的不同玩法。

他们折出各种形状的纸飞机，在教室里比飞行距离；用报纸包裹身体，模仿赛跑的样子，比谁跑得更快；用吸管尝试抓住纸片，锻炼了手眼协调能力；尝试让纸片站立起来，考验创意和动手能力；用纸制作桥梁，测试它的承重能力，在游戏中学习了物理原理。

| 纸飞机 |  我与报纸赛跑 |  吸管抓纸 |  纸站起来啦 |  纸桥 |

通过这一系列活动，孩子们不仅学会了如何制作再生纸，还深刻认识到节约用纸的重要性。教师的引导和支持帮助孩子们整理了思路，明确了行动的方向，促进了孩子们的认知发展和环保意识的提升。

（四）造纸之归

摸一摸，看一看，孩子们通过观察自己造出来的再生纸，感受到无比的自豪。

孩子们围坐在桌旁，手中拿着自己亲手制作的再生纸，仔细地摸了摸，看了看。一一说："这张纸是我做的，好光滑！"乐乐则兴奋地喊道："我做的纸一点都不比买的差！"孩子们的脸上洋溢着成功的喜悦，每个人都为自己能够亲手造出纸张而感到骄傲。

通过亲手制作再生纸，孩子们不仅体验到了成功的喜悦，还增强了环保意识。大家纷纷表示，在生活中要节约用纸，减少浪费。于是，我们共同讨论制定了《班级用纸公约》，明确了节约用纸的具体措施。

乐乐提议："我们以后用纸要两面都写！"瑶瑶补充道："用完的纸还可以用来画画！"曦曦说："不要随便扔掉没用完的纸！"

经过讨论，孩子们一致同意制定以下公约：

双面使用：尽量使用纸张的两面。

循环利用：用过的纸可以用来做草稿纸或绘画纸。

合理规划：在使用纸张前，先规划好所需数量，避免浪费。

回收利用：将废弃的纸张分类回收，用于再制造。

通过这一系列活动，孩子们不仅享受到了创作的乐趣，还深入了解了纸的不同用途和特性。大家知道了在生活中要节约用纸，还讨论制定了《班级用纸公约》，明确了节约用纸的具体措施。孩子们在实践中学习，在游戏中成长，通过一系列的探索和创作，不仅锻炼了动手能力，还培养了环保意识。

制定《班级用纸公约》

三、课程感悟

通过这次"造纸社的故事"班本课程的探索活动，我们深刻体会到关注幼儿高阶思维的发展、学习策略的培养、学习品质的提升以及活动中的深度学习是多么重要。

（一）关注幼儿高阶思维的发展

在造纸过程中我们注意到，孩子们不仅动手操作，还通过观察、思考和讨论，发展了高阶思维能力。例如，孩子们在选择不同的造纸材料时，会思考哪种材料更适合，如何解决遇到的问题，这些都是对思维能力的锻炼。当孩子们发现树皮需要刮洗干净杂质时，他们开始思考如何更好地处理材料，这表明他们在积极运用高阶思维解决问题。

（二）关注幼儿学习策略的培养

在整个造纸活动中，我们发现孩子们在不断尝试中逐渐掌握了学习策略。从最初的探索到后来的熟练操作，孩子们学会了如何有效地解决问题，如何利用已有的知识和经验去创造新的东西。比如，通过多次尝试，孩子们学会了如何调整纸浆的比例，如何让纸张更加均匀。这种学习策略的培养，对他们今后的学习有着长远的意义。

（三）关注幼儿学习品质的提升

孩子们的学习品质也得到了明显的提升。他们表现出极强的好奇心和探究欲，对每一个步骤都充满了热情。当遇到问题时，孩子们没有轻易放弃，而是积极寻求解决办法。这种坚持不懈的精神正是学习品质的重要体现。当孩子们发现树皮纤维需要剪得更短时，他们不断地调整方法，直到找到最佳方案。

（四）关注幼儿活动中的深度学习

这次造纸活动还体现了幼儿在活动中的深度学习。孩子们不仅完成了任务，在过程中还体验到了学习的乐趣，学会了如何合作，如何反思自己的操作。通过不断实践和探索，孩子们对造纸有了更深入的理解，对环保有了更强烈的意识。

这次活动让我们意识到，作为教师，不仅要传授知识，更要引导孩子们在实践中发展高阶思维，培养有效的学习策略，提升学习品质，并实现深度学习。这些不仅是孩子们当前学习的需要，更是为他们未来的发展奠基。

中班班本课程：香之旅
——马赛克方法指导下的班本课程

重庆市九龙坡区实验幼儿园教育集团　罗佳欣　朱小燕

什么是马赛克方法？这对于研究者而言，这是一种倾听幼儿的方法；对于幼儿而言，它是参与研究的途径。马赛克方法采用的工具有哪些？它通常采用自主摄影、儿童之旅、地图制作等工具让儿童成为研究参与者。

为什么要用马赛克方法指导的班本课程？从使用主体而言，马赛克方法不只是研究者独享的研究利器，更是教育工作者重要的工作手段；从主体地位而言，教师既是儿童研究者也是课程的支持者，儿童既是课程的参与者也是研究者。在班本课程的开展中，借助马赛克方法，能更多地吸收幼儿的经验和想法，以儿童的视角做出教育决策。本次班本课程"香之旅"以马赛克方法为指导，以"香"为主题，带领孩子们开启一场探索之旅。

一、课程缘起

幼儿园的中草药种植园、植物长廊里种满了各类花草，每次路过时孩子们总会忍不住弯下腰去闻一闻、看一看、讨论着："你闻的是什么呀？你觉得什么最香？它们的香味是一样的吗？"不同香味吸引着孩子们，通过嗅觉、视觉、触觉的三重感官，孩子们在实践中发现了一系列的问题，于是他们踏上了一场"香"的探索之旅。

二、课程实施

教师基于幼儿的最近发展区和发展水平预设了相关课程，在活动开展的过程中依据幼儿的兴趣不断地去生成课程，最后形成"寻香""探香""制香"三阶段课程网络图。

（一）寻香

1. 香在哪里？

香在哪里呢？孩子们在幼儿园里、超市、中药铺、小区中寻找各种各样的香，用自主拍摄的方式拍下散发出香味的物体，并把寻得的香和爸爸妈妈一起观察、讨论，完成观察记录表并带到幼儿园中分享。

孩子们用相机拍下自己找到的香

孩子们在不同地方寻得的香

2. 香的发现

孩子们对发现的香进行探索，和爸爸妈妈一起查找资料，填写"生活中的'香'"调查表。他们惊奇地发现饭菜的香味和辛香有关系，治病救人的药有特别的香味……孩子们从生活经验出发，在对知识理解的基础上，对原有经验进行改造和重组，发现了香的分类、独特的作用，并将他们的发现带来幼儿园进行分享。

孩子们分享调查记录表

3. 香的分类

孩子们将自己收集到的香料带来幼儿园，按照"木质香""花草香""辛香""药香"将香料进行分类。

4. 闻香大会

归类完以后，孩子们对香料展开了讨论。奇奇："我带来的八角味道是最特别的，而且很有用。"希希："我觉得木头的香味才是最好闻的。"

孩子们在你一言我一语中决定通过投票的方式选出"最受欢迎的香料"和"最有用的香料"。孩子们为自己带来的香料装饰香料牌，讲解着香料的特征和作用，都想为自己的香料赢得宝贵的一票。

"闻香大会"开始了，孩子们主动地、专注地用眼观、手触、鼻嗅等方式感受香料，辨别香气，了解香料。每一个孩子都兴致勃勃地介绍自己带来的香料，邀请小伙伴了解，在互动交流中，孩子们进一步了解到各类香料。

孩子们正在参加"闻香大会"

5. 儿童会议

"闻香大会"结束后，我们紧接着举办了一场"儿童会议"。孩子们围绕着"你最喜欢什么香味？为什么？""同为木质香，有哪些不一样？""辛香特别的味道带给你什么感受？"等问题展开激烈的讨论。孩子们在你问我答、平等交流中以情境化的方式对新经验进行整合理解。

激烈讨论

在寻香阶段中，幼儿通过表征、儿童拍照、观察、访谈、儿童会议等方法对香的种类、香料的形状有了初步认识。孩子们在面对学习情境时的好奇心和求知欲加强了主动学习品质的养成。

（二）探香

在生活和学习中，香无处不在。在"探香"这一阶段，孩子们去探寻藏在音乐、绘画、故事、成语、科学、数学中的香。

1. 古时候的香

香文化是一种历史悠久的传统生活艺术。孩子们对"古时候的人如何用香""香有什么作用"进行探讨。他们发现古人会用香来祭祀，焚烧香料，插戴香花，涂抹香膏，服食香药，悬挂香草，佩戴香囊等。

2. 古诗、故事中的香

香还藏在了许多的古诗和成语当中。孩子们学习《望庐山瀑布》时，在诗句"日照香炉生紫烟"中了解香炉的作用；在故事《刁存含香》中发现香丸的妙用。

3. 绘画中的香

孩子们了解到香炉的图案十分精美，于是化身小小设计师，用版画的形式创作出了多幅美术作品。他们设计图案、刻制版面、涂抹印刷。瞧，不一会儿，造型美、花纹美、色彩美的香炉就出现了。

孩子们正在创作美术作品

4. 科学中的香

孩子们还对香产生的烟雾感到好奇，去探究发现香味是如何通过空气传播的，中国的线香和外国的香水有哪些不同。

探索香味的传播方式　　探索东方香和西方香的不同

5. 数学中的香

古人是如何把控时间的呢？孩子们通过操作实验，了解一炷香的时间有多久；通过绘画表征，了解到香原来有盘香、线香、锥香等多种形态。

6. 游戏中的香

孩子们还在区角游戏时间自发地玩起"买卖香丸"的游戏，以雪花片为货币，根据不同的形状和大小对香丸定价，讨论各自扮演的不同角色。

玩"买卖香丸"的游戏

在餐前小游戏中，他们还提议以香的形态去寻找香的规律。

在探寻香的过程中，孩子们基于原有的知识和经验去探寻科学、数学、社会等领域中的新知识，在新旧经验的双向相互作用过程中，实现对新知识的意义建构和玩法创新，而不是在被动的灌输过程中对知识进行机械记忆。

（三）制香

了解了这么多和香有关的知识后，孩子们对制作香丸跃跃欲试。那如何制作出香丸呢？

1. 晾晒

第一步就是要把软软的香料变成硬硬的香料。孩子们把选出的香料，整齐地摆放在户外的空地上晾晒。可晒了几天后，香料还是软软的，这可怎么办呢？

晒干香料

他们拟定了访谈问题："怎么样才能将香料变硬？""为什么我们的香料晒了这么久都还是软软的？"带着这些问题，孩子们向幼儿园的保健医生、保安叔叔求助。最后他们知道是因为冬天的太阳光温度不够，不管怎么晒，也无法变成脆脆的香料。

对幼儿园的医生、保安、厨师等人员进行访谈

哪里有高温呢？孩子们围绕着新问题展开了讨论。

"幼儿园有烤箱。就是我们做出小蛋糕的烤箱，那个温度很高。"乐乐抢先回答道。"教室里的微波炉也是，可以把冷冷的东西变得烫烫的。"辰辰接着说道。他们的想法得到了其他孩子的认可，于是大家用烤箱、微波炉进行尝试。果然，香料成功变硬了。

利用烤箱和微波炉将香料变硬

2. 研磨

（1）第一次尝试：研钵

晾晒的香料如何从块状变成粉状呢？孩子们第一次尝试用研磨工具将香料磨成粉状，很快，孩子们对研磨这种机械运动失去了兴趣。

"好累呀。""这个不好玩。""我磨出来的粉一点都不细。"

孩子们用研钵尝试

（2）第二次尝试：小电器

第一次的尝试并不顺利，效率不高，也不好玩，可是这么多的香料怎么变成香粉呢？孩子们回家后利用自己的生活经验找到了榨汁机、破壁机、绞肉机等小电器，并带到幼儿园尝试。

首先，孩子们依次介绍了自己带来的电器的作用。随后，和教师一起操作电器，观察电器的运行、观察不同机器打出来的粉状特点。

孩子们发现破壁机打出来的粉是最细腻的，他们对原因进行了探究。

笑笑观察后说："破壁机的刀片是最多的，有四个刀片。"

"而且破壁机的刀片不是平的，刀片是往上翘的。"跳跳补充道。

汐汐说："我还觉得破壁机转动的速度是最快的，它转动起来的声音最大。"

孩子们认为粉质的细腻程度和机器的刀片数量、角度以及动力相关。最后，他们对操作结果进行讨论和绘画表征。

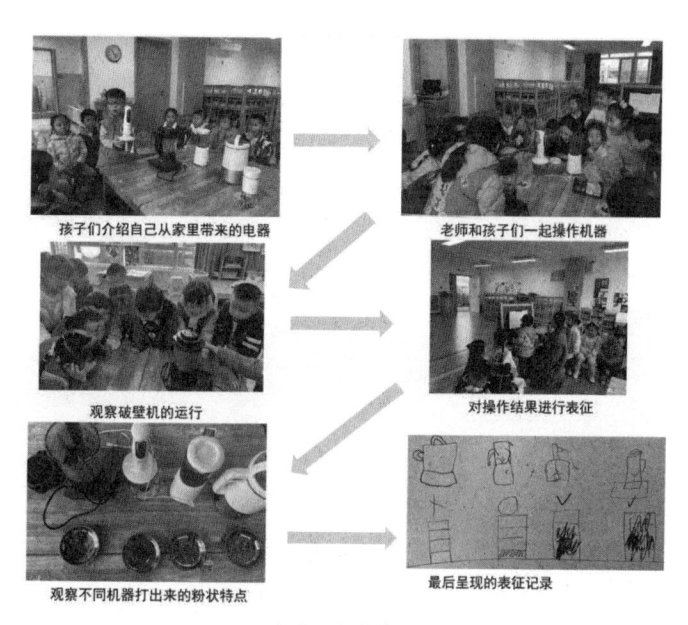

小电器的尝试

3. 合香

"怎样才能让香料变成我想要的形状呢？"

"什么粉可以当黏粉呢？"

孩子们又遇到了新的问题，经过前期的调查，原来香粉需要和其他粉黏合才能够变成香丸。孩子们从家里带来了玉米粉、糯米粉、红薯粉。他们开始分组实验，最后介绍自己这组的实验结果。通过对比实验，孩子们发现加入一定比例的水后只有糯米粉才有塑形的作用。

黏粉的尝试　　　　　　　　　　　　黏粉试验结果

4. 成形

最后一步便是将准备好的香粉变成自己喜欢的形状。孩子们迁移黏土的经验，捏一捏、揉一揉、搓一搓，不一会儿，造型各异的香便做好啦。

活动环节	问题	解决策略	马赛克方法	经验的获得
晾晒	香软软的，不够硬	利用烤箱、微波炉、吹风机烘干	观察、访谈	高温能让香料由软变硬
研磨	粉不够细、机械运动	利用豆浆机、破壁机、绞肉机、果汁机将粉变细	儿童会议、观察、表征、投票	家用电器的认识、探究破壁机能将香料磨成粉的原因
合香	什么粉能当黏合剂	玉米粉、玉米淀粉、红薯粉、糯米粉、土豆淀粉	访谈、儿童会议、观察	合香的比例、各类粉的认识
成形	如何搓成自己喜欢的形状	迁移黏土经验	观察、表征	小肌肉的发展

制香活动是幼儿高投入的主动性学习，主动意味着幼儿是学习活动的主体，他们积极地、主动地、创造性地解决制香中存在的问题。孩子们不单纯追求知识和技能的学习，逐步养成积极主动、认真专注、不怕困难、敢于探究和尝试等良好学习品质，同时也在亲身操作、实际感知中形成较为复杂的认知结构，用科学思维对实验结果做出反思和解释。

（四）马赛克方法在区角创设中的实践

通常区角的创设是由教师主导、布置的，而这次孩子们想创设出属于他们的区角——"香坊"。

首先，孩子们围绕"区角里玩什么？""区角中怎么布置？""区角中要放置的东西？"开启儿童会议，孩子们七嘴八舌地发表着自己的看法。

第七章 民间技艺

开儿童会议

有了初步的设想后,孩子们开始行动起来了。他们利用自主拍摄的方式开启幼儿园之旅,用相机拍下他们觉得适合香坊的装饰布置,并在班上分享自己的照片和想法。随后,孩子们分组讨论具体的创设方案,并绘制出设计图。

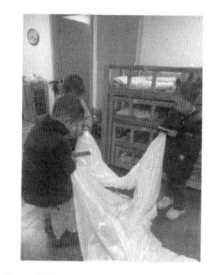

自主摄影　　　　　　　　　　　　　绘画并介绍设计图

每组介绍自己的设计图后,孩子们对"最喜欢的设计图"进行投票,最后一起对设计图的细节进行讨论并实践。孩子们用墨汁和白布当作装饰背景布,重新利用废弃的木板当作香料盒子,自己摆放制香工具和步骤牌……经过孩子们的努力,"香坊"终于布置完成啦。

和教师一起创设的区角

三、课程感悟

(一)班本课程是从弹性预设走向动态创生的过程

教师基于幼儿的最近发展区和发展水平预设了相关课程,在活动开展的过程中依据幼儿的兴趣不断

179

地去生成课程，最后形成"寻香""探香""制香"三阶段课程。

（二）试误：让幼儿从"可能"到"成功"，逐步形成问题意识且有探究精神

在班本课程的开展中，孩子们遇到了各种各样的问题，他们以问题为导向，利用不同的工具和方法积极地寻找解决方法，在探究、操作、实验、表征中获得新旧经验的重组。

（三）利用马赛克工具去倾听、发现、支持幼儿的学习，收集幼儿的一百种语言

运用访谈的工具倾听幼儿，运用拍照的工具收集幼儿的想法，运用绘图的工具激发幼儿迁移与建构经验，运用儿童会议的工具，鼓励幼儿参与讨论和创设……教师借助马赛克方法，从"儿童的视角"去开展课程，让教育决策更多地吸收儿童的经验和想法。

中班班本课程：陶陶的世界

重庆市九龙坡区实验幼儿园教育集团　张娇　郝芳艳

一、课程缘起

孩子们天生喜欢玩泥，幼儿园里"陶艺坊"的出现，为我们提供了通过双手创造并追求内心成就感的机会。于是我们开启了探索陶泥的欢乐之旅。

二、课程实施

（一）探秘陶泥

1.问题一：陶泥是什么

陶泥是什么泥呢？是像泥巴一样的泥土吗？围绕"陶泥是什么"这一问题，我们进行了一次亲子调查。

瑶瑶："陶泥有很多种颜色，有黄色、灰色、白色，还有黑色，而泥土是棕色的。"

艺曼："它们很不一样，陶泥是用来做碗、花盆，装东西用的，泥土是用来种植物、修房子的。"

小绮："陶泥是硬硬的，泥土是松松软软的，有很多种杂质。"

一一："陶泥是专门用高温烧的黏土，泥土是大自然里的土。"

禾苗："陶泥和水混在一起能溶解，泥土和水在一起是会分开的。"

陶泥是什么

2. 问题二：陶器和瓷器有什么不同

生活是幼儿最直接、最丰富的学习资源库，孩子们跟随家人去到了三峡博物馆、陶艺馆，近距离观察陶器与瓷器，了解陶与瓷的历史发展。那陶器与瓷器又有什么不同呢?

近距离观察陶

伯熠："先有的陶器，再有的瓷器。它们用的泥土不一样，陶器是用陶泥做的，瓷器是用瓷泥做的。"

衡衡："陶器有小孔，装水后会吸水；瓷器没有小孔，水吸不走。"

言而："陶器有小孔透气，可以用来种花；瓷器不透气，可以用来装汤。"

曦曦："陶器摸起来干干的，瓷器摸起来滑滑的、亮亮的，会反光。"

一一："用小棒敲一敲，陶器的声音是闷闷的，瓷器的声音很清脆。"

教师："陶土比瓷土的金属铁元素多，烧制的温度也不同，陶器只需要800～1100℃，瓷器则需要1300℃。"

孩子们带着问题，以多种形式了解了陶器的历史、陶泥的特点、陶器与瓷器的关系，对于亲手制作陶器

动手实践

181

产生了浓厚的兴趣。

（二）玩转陶泥

1.问题三：怎么把陶泥变成陶器

陶泥要怎样才能变成陶器呢？通过视频学习和向专业老师请教，我们确定了制作陶器的基本步骤，并初次体验了制作陶器。

小马："要经过揉泥、摔泥、做底板、做造型、阴干、上色、放烧窑机里烧制这些步骤。"

陶器制作步骤

峻玮："揉泥的时候，可以把手打湿，一点一点把陶泥变软。"

涂涂："我真喜欢摔泥，看我大力士把泥摔成扁扁的，空气全部摔出来。"

朵朵："我们这个泥板做得更大更厚一点吧，我想让它装好多东西。"

钦钦："我要多刷点泥浆把它们粘牢，这样就不会掉下来了。"

然然："加油，我们的笔筒就要搭建好了。"

欧欧："终于阴干了，还记得陶器烧制要多少温度吗？好期待烧制成功。"

揉泥 　　　　摔泥 　　　　做底板

做造型 　　　烧制

幼儿从经验中学习，并将所学应用到新的经验中，这一过程是幼儿认知发展和学习成长的核心模式。在多次实际操作中，孩子们总结了很多经验：陶泥会越搓越干，要及时补水；底座要厚一些，拿起来才不会破；如果有裂痕和缝隙，要用泥浆及时修补；在阴干的过程中，做好的陶泥是非常脆弱的，需要小心翼翼地保护起来；想要陶器烧制成功，需要最初摔好泥、戳好孔，排出陶泥里的空气，以保证不会炸窑。

2.问题四：陶泥成形有哪些方法

在掌握制作陶器的步骤方法的同时，我们还了解到陶泥成形有很多方法，泥球成形法、泥板成形法、泥条盘筑法、拉坯法、手工雕刻、模具成形法、手工捏制等。于是我们动手动脑试试看！

（1）泥球成形法

①黏土球小茶杯初实验

小宝："为什么我们要用超轻黏土来做陶器呀？"

骁骁："因为我们先用黏土试试，找到用泥球做一个茶杯的方法，等我们真正用陶泥做就能做得更好啦！"

黏土球小茶杯

茹茹："一层泥球做好了，第二层泥球要叠放在第一层两个球中间，这样才能粘在一起。刚刚我一个叠一个串起来放的，结果杯子向外面散开了，好可惜啊！"

灿灿："我的杯子为什么塌了呀？"

土豆："你上面的泥球好大呀，我想是因为它太重了，把下面的压垮了。"

灿灿："那我再试试，把上面的泥球慢慢变小，这样应该就不会塌了吧。"

土豆："我想给我的小茶杯加两个耳朵，这样就不烫啦。"

②陶泥球借经验巧成形

各种各样的杯子

源源："丞丞，今天我们来分工吧，我搓泥球你来粘，可以吗？"

183

丞丞:"可以呀,那你记得下面的球球搓大一点,待会后面的球球搓小一点,我一定把它们粘得非常牢固。"

泥球成形作品

小杰:"乐乐,我们去试试看我们的杯子能不能装水。"

乐乐:"啊!这里有一条裂缝,在漏水,一定是我们做的时候没有挨紧。"

小杰:"没关系,那就把它变成一个会漏水的笔筒吧,把毛笔放进来刚好可以漏干水啦!"

(2)泥板成型法

幼儿迫不及待地尝试用泥板进行创作,在这个过程中遇到了新的技术难题。

①帮助泥板站起来

小安:"怎么才可以把这团泥变成泥板呢?"

涵涵:"要不试试摔一摔?待会儿再用陶泥刀切成长方形。"

茶茶:"哎呀,我的泥板怎么站不起来呀?"

泰泰:"你看我的就能站起来,我帮你修一修吧。把它的脚做胖一点,就站得住了。"

现代建筑

②泥板很厚要戳洞

暄暄:"这个房子的屋顶瓦片要怎么做呢?"

仪一:"可以搓一根一根的条儿当作瓦片吧!"

牛牛:"搓小条条太费劲了,我想用工具刀切成一条一条的纹路。"

安琪："好可惜啊，我做的房子在烧窑机里炸坏了。"

仪一："上次我们做的也炸了，蔡蔡老师说，应该是没有干透，里面还有水分，下次做的时候在底下戳个洞，这样可帮它泄泄气。"

徽派建筑

（3）泥条盘筑法

①黏土泥条盘小鸡

黏土泥条盘小鸡

孩子们开始尝试泥条盘筑的方法，和泥球成型一样，先选择了用黏土做试验，在稳定性和泥条造型上进行了新一轮的探索。

茶茶："我的小鸡身体怎么站不起来，总是要塌下去呢？"

丞丞："你看，上面太重了，泥条就把下面的压扁了。你应该把上面的泥条变细一点点，这样就不会倒啦！"

茶茶："真的耶，上面的泥条小一点，小鸡就能站起来了。"

一一："我小鸡的头为什么不能封顶呀？它越来越大了。"

绮绮："你试试把圆圈变小一点呢？它们只要粘在一起，就可以越来越小的。"

一一："嘿嘿，你看我的小鸡脖子可真长。"

②花样泥条来装饰

孩子们对于陶泥的干湿、制作步骤和方法已经有了比较丰富的经验，在实践操作泥条盘筑法时更加游刃有余后，又在用陶泥制作装饰物上有了很多奇思妙想。

185

合作泥条盘筑

朵朵："我想做一只蝴蝶和很多小花,让小蝴蝶在花丛里跳舞。"

小杰："我想做一把剑,力量无穷大。"

禾苗："我要做汉堡、薯条、鸡腿,哈哈,这样我就能吃到好吃的了。"

伯熠："我要用蝴蝶结、皇冠来装饰它们,让它们像小公主一样漂亮。"

泥条盘筑　　小花篮

艺曼："绮绮你看,我用手挤一下,它就可以变弯,我想做成星星杯子,你帮我一起做吧!"

乐乐："看我的蟹老板,欢迎你们来我的餐厅里做客!"

峻玮："这是我做的小花和狮子,背面还有我的学号哦!"

（4）拉坯法

①班级里小试牛刀

小试牛刀

幼儿园里的拉坯机到了,了解了拉坯机的历史和工作原理后,孩子们体验了一把用现代科技制作陶器。

乐乐："脚踏板真难控制,用力踩了就会转得很快,踩轻了又不转了,老师你还是帮我调成自动旋转吧。"

言而："好神奇呀,手指放在中间往外拉,就能把泥团变成一只碗,太好玩了!"

区角再探索

灿灿："老师，陶泥怎么总是粘在我的手上呀？都不能变成滑滑的泥团了。"

蔡老师："用拉坯机制作的时候，陶泥被拉开会吸走你手上的水分，如果手太干了，陶泥就会粘在你的手上，试试边开孔边打湿手吧。"

涂涂："哎呀，我的小碟子裂开了，怎么办呀？"

土豆："补起来会不好看。我有一个好办法，我们把陶泥取下来重新揉团做吧！"

涂涂："好主意，这次我一定轻轻地摸陶泥。"

②陶艺坊学新经验

向陶艺坊老师学习

涵涵："周末，妈妈和哥哥陪着我去了陶艺坊，我用拉坯机做了一个好看的杯子。"

小马："周末，妈妈带我去了陶艺坊，那里有好多的陶器，都是客人做的。我学会了把陶泥拉高的方法，就是这样，一只手的四根手指放在杯子里面，大拇指和另外一只手轻轻扶着杯子外面，轻轻地一起向上面拉提，杯子就能变薄变高了。"

灿灿："我和言而今天去找了蔡蔡老师，教师教了我们怎么把小碗做得光滑又完整。"

言而："就是要用到工具，海绵球可以把表面变光滑，把小碗取下来之前要用刮刀在底部轻轻撬一下，再用割泥线把它取下来。"

（三）巧变泥条

1.问题五：泥条怎么变

（1）陶器花纹可以动手做出来吗

孩子们在数学探索活动中发现陶器在制作时注重对称性、彩陶的花纹多是二方连续的图案，也设计出了自己的陶器和花纹。画花纹需要很强的控笔能力，那我们可以用泥条代替画笔，制作出丰富有规律的陶器形状吗？

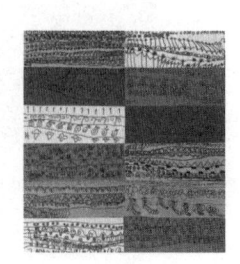

陶器的对称性和花纹的规律

（2）怎么把泥条变成线条呢

欧欧："我想把粗粗的泥条变细一点。最开始我想用手指掐掉多余的陶泥，但是不均匀。然然给了我一把工具刀，我又试着在中间切掉一半，可切着切着就断掉了……突然我发现直接揪掉多余的陶泥，重新搓细一点就好啦！"

言而："乐乐，我需要一根很长的泥条，你能做出来吗？"

乐乐："当然可以啊，让我来试试。这样放在手心里一直搓……怎么断了？再来！我这样甩长，你看够不够长？"

丞丞："你看我这样搓，也可以变得很长哟。先搓一个粗的条，再用手掌从中间往两边搓，哪里粗就搓哪里。"

言而："你们真厉害，我也来试试。"

（3）泥条能变成哪些线条呢

我的泥条变变变　　　　　泥条变线条

牛牛："我的泥条变成了一个戒指。"

禾苗："我的泥条变成了游泳圈，还变成了爱心，很丰富。"

仪一："我的泥条变成了一颗星星，真漂亮！"

言而："我的泥条变成了一个三角形！"

乐乐："我的泥条变成麻花卷棒棒糖了，非常好吃！"

2. 问题六：泥条除了堆叠的形式还可以怎么搭

泥条可以怎么搭

通过查找资料，孩子们发现泥条除了盘筑，还可以用泥条拼贴、变形微干后粘贴、模具塑形等方法来做陶艺品。我们分类后，选择了几种方法尝试制作。

（1）直直的泥条盘筑法

泥条盘筑

（2）圆形的泥条半干粘贴法

第一次尝试：直接粘贴。

柄如："圆形泥条一装上去就被压坏了，太软了，只能做一层了。"

乐乐："要不我们等它变干了再粘起来吧。"

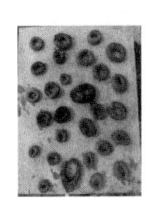

第一次尝试

第二次尝试：晾干再粘贴。

钦钦："圆形泥条用陶泥粘不起来啊！"

然然："是因为太干了吗？泡泡水让泥条变软一点试试呢？"

柄如："还是不行，要不让泥条变硬一点点就粘呢？"

第二次尝试

第三次尝试：半干粘贴。

乐乐："这下终于找到正确的方法啦！"

柄如："原来要只需要变硬一点点就能不变形。看我们的洞洞隧道！"

（3）模具塑形法

在生活中，我们找到很多凸出的工具，亚克力球、盘子、杯子等等，试试用它们做出我们想要的形状。

半球模具　　　　盘子模具

第一次尝试：直接把泥条覆盖在球体上。

丞丞："我要把它们都连起来，这样就更稳固啦。"

小杰："我们做一些装饰在上面吧，会更好看的。"

林林："糟糕！怎么都碎了啊？"

骁骁："球是滑的，我想应该是下面的泥条太重了，晾干的过程中就裂开了。"

瑶瑶："那我们加一个底座在下面吧，就像之前做的那样，从下往上做。"

小马："它一定是没有被保护起来，要不我们把它包起来，这样就不会碎了。"

第二次尝试：加底座 + 包裹晾干。

言而："怎么又裂开了呢？"

乐乐："怎么回事嘛，我们找老师查一查资料吧。"

妍妍："原来陶泥有收缩性，在晾干的过程中会缩水变小，但是模具不会变，就把泥条撑坏了。"

伯熠："那我们中途就把做出的陶器取下来吧。怎么才能成功取下来呢？"

灿灿："下面垫一层报纸吧，这样就把陶泥和模具分开啦！"

第三次尝试：报纸衬底 + 脱模晾干。

报纸衬底 + 脱模晾干 = 成功

牛牛："哇！真的可以把陶泥和模具分离耶。"

曦曦："下面再捏一个报纸球把它固定成圆弧形吧！"

源源："快来看！我们做的小蛋仔成功啦！没有坏耶！"

（4）报纸塑形法

涂涂："报纸真神奇，只要用报纸固定，想变什么形状都能实现。"

林林："我们来试试吧！"

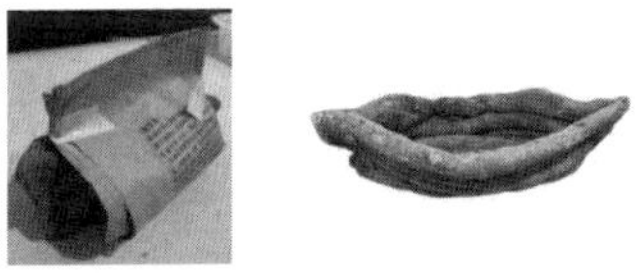

包裹提拉不会塌　　　垫一垫就定型　　　中间支撑不会滑

三、课程感悟

本次"陶陶的世界"活动，无疑为孩子们开启了一扇通往传统艺术与实践创新的大门。活动的设计初衷是希望通过亲身体验，让孩子们在玩中学，学中玩，不仅了解陶器的基本知识，更重要的是激发他们对传统文化的兴趣以及动手创作的潜能。

活动初期，我们通过家园共育、实际感知等方式引导孩子们观察与讨论，这一环节激发了孩子们强烈的好奇心和探索欲。采用超轻黏土作为入门材料，既保证了安全，又便于操作。孩子们在揉、捏、搓、压的过程中，初步感受到了陶艺的魅力。他们从一开始的不知所措，到后来的自由创作，最终成功完成了一件件凝聚着想象与创意的作品。

紧接着，我们将经验迁移至陶泥制作，这是一个从易到难、循序渐进的过程。尽管面对更富挑战性的材料，孩子们却表现出惊人的适应力和耐心。他们相互协作，分享技巧，共同解决了陶泥干湿控制、形状稳固等问题，这不仅锻炼了孩子们的动手能力，更促进了他们团队合作和问题解决能力的提升。

活动的高潮在每种造型方式的探索后，孩子们自豪地介绍自己的作品。从设计理念到创作过程，孩子们把从失败到成功的经历讲出来，每句话都透露出满满的成就感。通过这次活动，我们惊喜地发现，孩子们不仅学会了简单的陶艺技巧，更在探索和创作中收获了快乐，理解了劳动的不易，以及传统文化的深厚底蕴。

反思本次活动，我们认识到，将传统文化融入幼儿教育，需注重体验与实践相结合，激发幼儿内在的学习动力。未来，我们将继续探索更多元化的教学方法，让孩子们在玩乐中增长知识，培养他们对传统文化的尊重与传承意识，让这份来自泥土的艺术之花在他们心中生根发芽。

中班班本课程：小小"丝"旅家

重庆市九龙坡区实验幼儿园教育集团　李沁忆

一、课程缘起

一个春日的清晨，两个小朋友正在桌前兴致勃勃地讨论一些奇特的昆虫。

吴简："有一种长得像毛毛虫的昆虫，它会吐丝做衣服。"酥酥："是蚕宝宝吗？我在绘本故事中看到过！"齐齐："不是只有蜘蛛才会吐丝吗？可它的丝是用来捕虫的。"

基于小朋友们浓烈的好奇心和兴趣点，我们准备开展一次特别的班本课程活动——小小丝旅家，带领孩子们走进蚕宝宝的世界，了解它们如何吐丝结茧，茧如何为人所用，成为丝织品的重要来源。

二、课程实施

（一）寻"丝"之源

1. 前期调查

孩子们初步探讨后，确定蚕丝的生产者是神奇的蚕宝宝。为了进一步探寻蚕宝宝吐丝的秘密，大家准备喂养一群蚕宝宝进行观察实验。蚕宝宝是如何出生的？它最爱吃什么？喂养蚕宝宝需要注意哪些事项？吐出的丝能拿来做什么？围绕这些问题，孩子们进行了"蚕宝宝的秘密"前期调查。小朋友们和爸爸妈妈一起查询资料，共同探索，认真思考并记录下他们的发现。

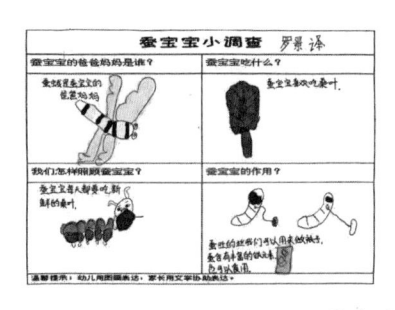

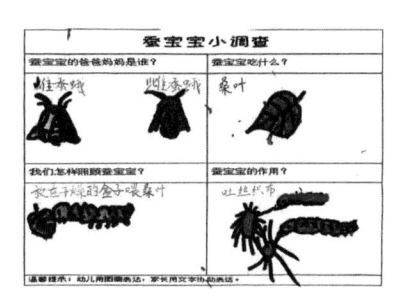

蚕宝宝调查表

根据调查，孩子们发现蚕宝宝的爸爸妈妈分别是雄蛾和雌蛾，它们通过交配产卵，孵化出蚕宝宝；蚕宝宝以桑叶为主要食物，人们需要给它们提供新鲜的叶子，并保持环境清洁；蚕宝宝的主要本领就是吐丝，这些丝可以用来制作丝绸、蚕丝皂、蚕丝扇和蚕丝面膜等用品。

孩子们还轮流分享了自己了解到的蚕宝宝其他知识：

霄霄："蚕宝宝的成长会经历幼虫、蛹、成虫三个阶段。"嘉柠："蚕宝宝在生长过程中需要蜕皮四次，每次蜕皮后都会变得更大更强壮。"子言："蚕宝宝长大需要很长的时间，我们一定要耐心等待，见证蚕宝宝的成长过程。"

调查分享

调查分享之后，我们组织小朋友一起聆听《丁丁换衣记》这本绘本。该绘本讲述的是"丁丁"如何从小小的蚕宝宝蜕变成美丽的蛾姑娘的故事。通过聆听生动的绘本故事和观看蚕宝宝相关科普视频，孩子们更深入地了解了蚕宝宝的生活习性和吐丝本领，为喂养蚕宝宝打下较为坚实的认知基础。

在前期准备活动中，孩子们不仅了解到了丰富的养蚕知识，还体验到了自主探索的乐趣。

2. 桑叶收集

桑叶是蚕宝宝的主要食物来源。为了保证蚕宝宝的健康成长，孩子们需要采集新鲜的桑叶。在采集过程中，孩子们了解到如何识别桑树和选择新鲜的叶子，同时也关注到桑叶与众不同的形状、颜色和纹理，培养了观察能力和认知能力。

3. 蚕宝宝的成长日记

养蚕过程中，为了更好地研究蚕宝宝的生活习性和生长规律，孩子们准备记录下蚕宝宝的成长过程。以小组为单位，每个小组轮流观察和记录蚕宝宝长度、形态和生活状态等方面的变化。观察之余，孩子们也实践了如何科学喂养蚕宝宝，比如用毛巾擦干桑叶水分，将桑叶撕成小块利于蚕宝宝进食；给蚕宝宝移窝，清理蚕沙，以保证生长环境的干净整洁；给蚕宝宝的家撒石灰，以保证环境干燥。这些点点滴滴的细节让孩子们亲身体验到照顾生命的责任感和成就感，学会关爱生命、尊重自然。

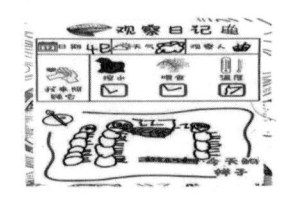

蚕宝宝观察记录

4. 陶泥蚕宝宝

为了更丰富、更立体地记录下蚕宝宝的活动形态，孩子们准备用陶泥捏出他们所观察到的形态各异的蚕宝宝。

霄霄："我捏的蚕宝宝正在桑叶下捉迷藏。"

吴简："蚕宝宝生病了，正在休息。"

齐齐："我的蚕宝宝在发呆呢。"

在捏制过程中，孩子们更细致地去观察蚕宝宝的生活习性，同时也对蚕宝宝的身体结构有了更确切的认知。

制作陶泥蚕宝宝

（二）探"丝"之秘

1. 制作简易蚕茧架

蚕宝宝在成长到一定程度后，会开始吐丝结茧。为了让蚕宝宝有一个舒适的环境，孩子们开始制作简易的蚕茧架。他们将卡纸剪成长条，首尾相接，交叉排列，形成一个立体的空间结构，再将蚕宝宝放在上面，让它们自由地吐丝结茧。

蚕茧架制作

2. 蚕茧的秘密

蚕宝宝在吐丝结茧后，就会进入茧内进行蜕变。这是一个非常重要的成长阶段。在这个等待的过程中，孩子们也在坚持观察蚕茧的细微变化，同时，教师通过讲述《蛋蛋里面有条虫》的绘本故事，给孩子们详细讲解茧内蚕蛹的变化，引导他们思考和预测蚕宝宝的未来形态。通过这样的活动，孩子们不仅可以了解蚕的生命历程，还可以培养科学探究能力和创新思维。

3. 冲出蚕茧

可爱的蚕蛾是怎样破开蚕茧，孵化出来的呢？孩子们纷纷进行大胆的猜测和想象，并模仿蚕蛾冲破层层蚕丝的形态，趣味十足。

"冲出蚕茧"游戏

4. 古法缫丝

怎样确认蚕茧已经成熟了呢？孩子们轻轻地取下来摇一摇，可以摇响的蚕茧说明已经可以抽丝了。大家开始探索怎样将丝抽取出来。通过调查，孩子们发现抽丝是有专门设备的。抽丝机是一种现代化的生产设备，它可以快速地从蚕茧中抽出细长的丝线。古法缫丝则是传统的手工技艺，特别需要手艺人的耐心和技巧。孩子们在了解古法缫丝的基本步骤后，亲手操作简易抽丝机，在实际操作中感知蚕茧抽丝的原理。

缫丝体验

5. 我是缫丝机

为了更深入地体验缫丝的工作原理，孩子们纷纷化身为小小抽丝机，运用身体的旋转将"蚕丝"紧紧缠绕在腰上。在这个游戏中，孩子们不仅能体验到抽丝的神奇之处，同时也能感受到竞技游戏的乐趣。

"我是缫丝机"模拟体验

（三）创"丝"之用

1. 蚕丝探讨

蚕宝宝吐的丝可以用来做什么呢？孩子们七嘴八舌地讨论起来，并分享了趣玩蚕丝的计划。

熙熙："我觉得蚕丝可以用来做被子。"

齐齐："那要很多很多的蚕丝，我们的蚕丝应该不够。"

月月："我觉得夏天快来了，天气很热，可以用来做把扇子！"

之行："我还见过用蚕丝做的书签。"

孩子们将心中设想的蚕丝作品通过画笔记录下来。

蚕丝成品设计

2. 制作蚕丝扇

（1）制作蚕丝扇需要准备哪些材料

蚕丝扇长什么样子呢？我们做蚕丝扇都需要哪些材料？如何找到这些材料呢？孩子们展开了小小调查，了解到做蚕丝扇需要蚕丝、扇架、热水、黏合工具、设计图稿、装饰材料。

蚕丝扇调查表

（2）如何做一把漂亮的蚕丝扇

孩子们开始动手设计扇子，尝试设计扇面造型。

满满："我想做一把爱心一样的扇子，它一定很漂亮。"

子言："我想设计的蚕丝扇很轻很轻。"

和毅："我想设计一把铁扇公主的芭蕉扇。"

孩子们根据扇子的结构和材料合理设计扇子，并在同学面前大方地分享自己设计的蚕丝团扇。

蚕丝扇设计图

（3）如何寻丝头、抽丝线

做蚕丝扇的第一步是抽丝，如何把丝抽出来呢？小朋友们开始头脑风暴。

吴简："我觉得可以用剪刀剪出来。"

满满："我们可以用铅笔勾出来。"

酥酥："我觉得可以用手去找。"

孩子们想了许多的办法，并纷纷借助教室里的各种材料进行尝试。在不断尝试中，孩子们发现剪刀剪蚕茧会把蚕茧剪坏，抽不出来丝；用铅笔和筷子去挑，丝又很容易断。到底问题出在哪里呢？孩子们通过实践和查询资料发现，原来寻丝工具表面不能太过光滑，才更容易将丝抽取出来。

寻找丝头

（4）滑丝了怎么办

孩子们在制作过程中，发现蚕丝有时会从扇架上滑落。

希尧："我的蚕丝老是滑下来，怎么办呀？"

子言："是啊，我的也是，都绕不好了。"

馨馨："我们要用胶水把蚕丝固定在扇骨上。"

一一："胶水黏黏的，不能很快干，我觉得可以用双面胶。"

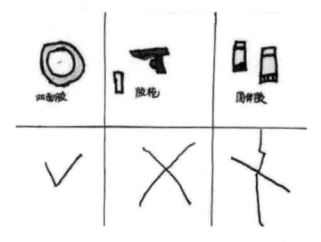

工具测试

孩子们通过讨论，确定了三种黏合工具：胶棒、热熔胶和双面胶。经过试验，最终他们发现，双面胶是防止蚕丝脱落的最好工具。

（5）绕丝绕得很慢怎么办

在制作过程中，有些孩子发现绕丝的速度很慢。

姝姝："蚕丝绕得好慢啊，什么时候才能做完呢？"

老师："有没有什么办法可以加快绕丝的速度呢？"

沁怡："我觉得可以两个人轮流来，一个人固定扇架，另一个人绕丝。"

姝姝："还可以用工具来帮忙，比如用筷子或者抽丝机来绕丝，会快一些。"

老师肯定了孩子们的想法，并鼓励他们勇敢尝试，找到速度较快的绕丝方式。

认识抽丝机　　　　合作绕丝

（6）已经孵出蚕蛾的茧可以取丝吗

孩子们对孵出蚕蛾的茧产生了兴趣，纷纷提问是否可以从中取丝。

朵儿："那些蚕蛾的茧可以取丝吗？它们看起来好像也有丝。"

之行："应该可以，茧上面只是有个小洞洞，还是能抽丝的。"

航航："我觉得不行，蚕蛾出来之后，茧就破了，丝也断了。"

经过试验，孩子们发现孵出蚕蛾后，茧已经被蚕蛾撑破，里面的丝已经断裂了，无法用来抽丝。

破茧抽丝实验

在孩子们的不懈探索下，我们的蚕丝扇终于制作完成啦！

3. 制作书签

蚕丝可以变成彩色的吗？孩子们通过查询资料发现，滴入食用色素可以让蚕丝变色。经过不断尝试，他们成功地将五彩的蚕丝线做成了精致的书签。

书签制作

4. 音乐游戏：纺织歌

做好的丝绸布光滑柔软，在阳光下闪闪发光。大家在草坪上跟随着《纺织歌》动人的旋律将大大的绸布舞动起来。

跟着《纺织歌》律动

5. 嫘祖养蚕

《嫘祖养蚕》是中国古代经典神话故事，与中华民族的丝绸文化息息相关。故事中，嫘祖尝试将蚕丝织成布，进而缝制衣物，这是人类历史上第一次利用蚕丝作为纺织原料，标志着养蚕织丝技术的起源。她也因此被尊称为"先蚕圣母"及"蚕神"。通过聆听该神话故事，孩子们对中国农桑文明的发展有了更深刻的认知。

6. 丝绸之路

丝绸之路不仅是商贸之路，更是文明交流互鉴的象征，对塑造世界历史格局和人类社会发展具有不可估量的价值。丝绸是东西方贸易的重要商品，孩子们通过科普视频初步了解了丝绸之路的开辟和贸易商品，为后续探究活动的延伸做好铺垫。

三、课程感悟

本次班本课程活动是一次充满趣味和创意的自然科学探索和传统非遗体验之旅。从前期调查养蚕知识，亲手喂食桑叶，细心清理蚕沙，再到记录蚕宝宝的生长过程，孩子们在每个环节中亲身体验生命成长的乐趣。在养蚕过程中，孩子们还学习如何制作蚕茧架，并见证蚕宝宝如何结茧成蛹，最后用古法提取蚕丝并动手制作精美的蚕丝扇和书签。这不仅锻炼了他们的观察力和动手能力，也让他们领略到了中国传统非遗文化的魅力。

（一）自然科学，生命教育

蚕的生长周期（卵、幼虫、蛹、成虫）直观展示了生物进化至成熟的过程，是进行生命科学启蒙教育的绝佳素材。孩子们通过亲手养蚕，观察蚕的不同生长阶段，培养了观察力、耐心和责任心。

（二）大胆设想，动手实践

从养蚕到抽取蚕丝，乃至简易的蚕丝工艺品制作，都是促进孩子动手能力和创造力发展的实践活动，孩子们还从中感受到了中国传统非遗工艺的精妙。

（三）桑织文化，历史传承

作为丝绸的发源地，中国蚕丝业不仅是理解生命科学、材料科学以及中国古代对外交流的重要切入点，也承载着丰富的历史与文化价值。蚕丝与丝绸之路紧密相连，是中华文明对外交流的重要符号。通过了解蚕丝，孩子们初步了解到这一段辉煌的历史，增强对国家文化的自豪感。

（四）互通合作，社会交往

在共同照顾蚕宝宝的过程中，孩子们学会合作分享，体验生命的脆弱与珍贵，促进情感与社会交往能力的发展。

"小小'丝'旅家"是一个既富有教育意义又贴近生活的课程主题。本次课程基于对孩子综合素质培养的需求，结合中国独特的文化资源和自然科学教育的目标，寓教于乐，让孩子们在游戏中快乐探究，收获知识，感受生命的奇妙和传统工艺的独特智慧。

大班班本课程：神奇的中草药

重庆市九龙坡区实验幼儿园教育集团　冉黎

中草药是中医药文化不可或缺的重要组成部分。中医药文化根植于生活，与我们的生活息息相关。从神农尝百草开始，人们对中草药的探索已经经历了几千年的历史。当中草药来到幼儿园，会碰撞出怎样的火花呢？

一、课程缘起

孩子们散步经过种植区，发现地上有许多奇怪的小草，孩子们纷纷驻足观看，萱萱好奇地问道："这些小草是杂草吗？""不是，这是薄荷。薄荷是一种中草药。""中草药是什么呢？""中草药可以治病吗？"孩子们对小草产生了浓厚的兴趣，与中草药的故事也随之展开。

二、课程实施

（一）寻

1. "中草药，我知道"大调查

孩子们对中草药的已有经验有哪些呢？我们发放了"中草药，我知道"的调查表，鼓励孩子们和爸爸妈妈一起完成。

"中草药，我知道"调查表

2. 分享"我"了解到的中草药知识

在家和爸爸妈妈一起了解了生活中一些常见的中草药名称及其功效以后，孩子们将自己找到的中草药带来了班级，进行了一场中草药分享会。

"我"知道的中草药

3. 在故事书中寻找中草药痕迹

中草药真的有这么厉害吗？为了满足孩子们的好奇心，帮助他们进行深度学习和探索，从多角度了解中药，我们和孩子们一起到图画中寻找中草药。

通过阅读，小朋友们了解了更多关于中草药的有趣知识。《大嘴的神果》里，小小的山楂、陈皮，看起来毫不起眼，可是它们组合在一起，就可以变成酸酸甜甜的消食茶，让前一刻还肚子痛的小朋友，下一秒就生龙活虎；在《树洞里的小药童》中，孩子们随着四季的变化认识了各种草药及其功效，了解了更多中草药与生活的关系。

在图书中寻找中草药

4. 走进中医馆了解中草药

为了让孩子们更好地了解中药,小朋友在爸爸妈妈的带领下,来到了药材馆。原来,各种中草药的功效是不一样的,有的可以清热去火,有的可以清肺止咳,有的可以养颜美容。

5. 了解中国古代四大名医

中草药的作用都是怎么被发现的呢?我们将中草药与历史相结合,了解了中国古代的四大名医。

了解中国古代四大名医

(二)辨

1. 认一认中草药

我们开展了"认一认"中草药的活动,帮助幼儿梳理常见的中草药及其作用。

认一认中草药

2. 闻一闻中草药

中草药有着独特的气味，孩子们特别好奇，根据他们的兴趣，我们开展了"药味体验"的活动。每个孩子对中药的味道都有着不同的看法：有的觉得中草药难闻、很苦；有的孩子觉得中草药闻起来很舒服，有点清香。孩子们你一言我一语地说着，在闻一闻中对中草药的印象和理解更加深刻了。

闻一闻中草药

3. 泡一泡中草药

在图画书中，孩子们了解到有些中草药可以泡茶喝，对身体有好处，新的疑问随之而来。

睿睿："哪些中草药可以泡茶喝呢？"

劲源："泡出来是怎么样的呢？"

诗诗："泡出来是什么味道？和闻着一样吗？"

将中草药泡水

于是，我们将中草药泡入水中，孩子们发现，有些中草药泡在水里会慢慢变色；原本硬硬的枸杞泡水后变得软软的，还变大了一些。

4. 中草药体验

孩子们还做了"药染""草药的沉浮"等实验。

用中草药做药染、沉浮实验

（三）种

1. 如何种中草药

在观察了解了中草药的外形特征及作用功效后，孩子们提出了新的问题："老师，中草药是哪来的呢？""我们可不可以种中草药？"带着这些问题，我们进行了一场讨论。

讨论在秋季可以种哪些中草药

2. 确认种植的中草药种类

中草药喜欢怎样的生长环境呢？该如何种呢？种什么呢？孩子们在翻阅了资料、询问了老师后，分成了四个小组，分别是"花类""草类""叶类""果类"小组。四个小组的成员分别计划好了自己要种的植物。孩子们来到种植园，根据实际情况规划种植区域。

划分区域种植中草药

3. 悉心照顾中草药

孩子们到种植区种下中草药后，每天悉心地照顾，认真地做着观察记录。

4. 发现问题：中草药枯萎了

一个星期后，小朋友们发现种植的向日葵和薄荷生机勃勃，而益母草和紫苏却枯萎了。同时种植的草药为什么会有两种不同的状态呢？有的小朋友发现泥土发霉了，有的小朋友说："我的草药没有根，所以枯萎了。"还有的小朋友觉得是因为太久没有晒太阳了。

向日葵　　　　　益母草

（1）分析草药枯萎原因

孩子们分析了植物枯萎的原因，一致认为是冬季太冷，植物被冻死了，就找来了纸箱，罩住草药。

用纸箱为草药保暖

（2）重新寻找保温材料

可是，没过多久，一场大雨让纸箱全部都淋湿了。孩子们又开始寻找新的保暖材料。他们用塑料袋搭起了大棚，可新的问题又出现了，虽然搭好了大棚，保温效果十足，可紫苏和益母草并没有一丝好转的迹象。粥粥："冬天里没有阳光啊。这可怎么办是好呢？"孩子们决定给草药照灯试试看。

对草药进行照光

（3）中草药不仅挑剔温度，对土壤也有讲究

可是蒲公英依然是枯萎的，通过询问了解，原来，不同的草药对土壤的要求也不同，甘草、防风适合种在沙土里，而蒲公英适合种在黏土里。最后，移栽后的蒲公英终于也要开花了。

为蒲公英换土

5. 中草药长大了

终于，这些中草药长高了些。孩子们开心地和金银花比身高，抬头观赏凌霄花……他们迫不及待地来到种植区画下自己眼中的中草药，一株株草药浮现在孩子们的笔下。

和金银花比身高　　　　　　在种植区绘画中草药

（四）制

1. 晾晒中草药

在照顾草药的过程中，孩子们又萌生了新的想法：我们种出来的草药怎么和平时看到的不一样呢？他们开始学习晾晒、制作草药。

孩子们小心翼翼地把草药放到户外去晾晒，但过了几天发现黏糊糊的，孩子们在询问老师、观察天气后，发现晾晒的植物如果晚上忘记收回，就被露水淋湿。此后，他们对中草药的晾晒更加细心了，能够自主观察天气情况，及时收晒中草药。

晒晒中草药

2. 制作驱寒香囊

晾晒好的中草药又可以做些什么呢？孩子们提议，最近太冷了，做成驱寒香囊。孩子们兴致盎然地挑选装灌香囊的中草药，有的拿着材料研磨，有的拿着配方表进行配制，有的负责香囊的缝制。整个教室弥漫着浓郁的中草药香味。

孩子们用心地将收集到的驱寒香囊配方制作成小巧精致的卡片。这样一来，在制作驱寒香囊的时候，就能够非常方便地依据小卡上的内容，准确地称取相应重量的各种草药。这张小卡就如同一位贴心的助手，为制作驱寒香囊的过程提供了极大的便利，确保了香囊的功效和品质。

制作驱寒香囊配方小卡

孩子们在完成驱寒香囊的制作后，满心欢喜，将这份饱含着温暖与关爱的礼物送给敬爱的、亲爱的老师。

送香囊

此外，他们还别出心裁地将具有独特功效的中草药精心制作成舒适的眼罩。当人们戴上这个由中草药制作而成的眼罩时，眼罩中散发出来的草药的天然气息，能够有效缓解眼部的疲劳，仿佛给疲惫的双眼带来了一场温柔的呵护之旅，让眼睛在草药的滋养下逐渐得到放松。

制作草药眼罩　　佩戴眼罩

最后，孩子们还将中草药精心制作成了精美的草药标本。这些标本被摆放得整齐有序，每一个细节都处理得极为精致。这些标本，让其他的小朋友能够更加清楚、更加方便地认识和了解这些中草药。他们可以近距离地观察标本里草药的形态、颜色、纹理等特征，从而直观地感受中草药的独特魅力，增进对中草药知识的认知和理解。

制作草药标本

三、课程感悟

中草药班本课程是一场跨越季节的奇妙旅程，从充满诗意的秋天持续到了略显冷峻的冬天。在这段漫长的时光里，草药经历了从嫩芽初绽的生机盎然到枝干渐显的沉稳内敛的转变。孩子们全程参与其中，在一系列丰富多彩的活动中，对草药有了更为丰富的感受和深刻的思考。他们细致入微地观察，明白了中草药的外形特征，或纤细柔美，或粗壮挺拔；他们用心追踪草药的生长状况，见证着草药在不同阶段的变化与成长；他们深入探究，了解了中草药独特的药用价值，知晓了那些看似平凡的植物中蕴含着的神奇功效。

这场充满魅力的中草药奇妙之旅，并非无端而起，而是源于孩子们真实的生活。在精心开展的活动中，孩子们以无比的好奇和热忱，通过种一种草药，亲手播下希望的种子，感受生命的萌动；看一看草药的模样，捕捉每一处细微的色彩与纹理；摸一摸草药的质地，体会不同的触感带来的奇妙感受；闻一闻草药的气息，让那独特的芬芳萦绕心间；做一做与草药相关的物品，发挥创意与想象。就这样，他们以多种方式进行观察、探索，极大地激发了对中草药的浓厚兴趣。在这个过程中，孩子们认识了生活中常见的中草药，从路边的小草到园中的花卉，每一种草药都仿佛在向他们诉说着古老的故事。他们深深地沉浸在中草药文化的博大精深之中，为那源远流长的智慧和传承所折服。

大班班本课程：探秘编织

重庆市九龙坡区实验幼儿园教育集团　陈颖　龙荟羽

编织不仅是一项技艺的传承，更是一次心灵的探索之旅。当孩子们在攀爬区域对那些带有编织属性的吊环、绳梯等产生浓厚兴趣时，我们意识到，一个引导孩子们深入了解编织艺术、感受其独特魅力的机会已经悄然来临。于是，我们携手孩子们一同踏上了"探秘编织"的奇妙旅程。

一、课程缘起

在一次户外活动中，孩子们来到攀爬区域进行游戏，对吊环、绳梯、网状攀爬墙等带有编织属性的事物产生了兴趣与思考。他们激烈地讨论着，眼中闪烁着对未知世界的好奇与渴望。为了满足孩子们的好奇心，我们决定开启一段关于编织的探索之旅。

二、课程实施

本次班本课程分为三个阶段，旨在通过循序渐进的方式，引导孩子们深入了解编织的奥秘。

（一）第一阶段：编织知多少

初期，孩子们对编织较为陌生，到底什么是编织？从古至今编织物有哪些变化？为了解决孩子们的疑问，班级开展了社会活动"编织的演变"、语言活动"织毛线的多多""西西的杂货店"。我们以图片和实物结合的方式，让孩子们在观察、触摸中感受到传统编织物的魅力。

身边的编织物还有哪些？用于编织的材料、工具、方法又有哪些？带着这些疑惑，孩子和家人展开了大调查。通过讨论与统计，我们发现孩子们仅仅知道一些常见的编织物、编织材料，对于编织技巧更是几乎没有了解。据此，我们进入课程实施的第二阶段。

（二）第二阶段：编织趣探秘——探索编织

1. 家园联动：寻找编织材料

联合家庭，我们展开了园内园外寻找编织材料的行动。

寻找编织材料

2. 编织材料我知道

最终，孩子们发现了很多可用于编织的材料，并根据编织材料知道了编织的种类，如藤编、绳编、草编、竹编、棕编……

看，这些都是编织材料

3. 奇妙的编织工具

编织工具（钩针、棒针）如何使用呢？为了让孩子们能够了解其使用方法，擅长织毛衣的保育老师现场展示，同时引导孩子们进行尝试。孩子们都觉得很神奇，细长的工具竟然可以轻轻松松地将一根根毛线紧密地联系在一起。

认识编织工具

4. 编织技艺多

编织的技法又有哪些呢？我们首先让孩子们了解了编织、包缠、交替穿插、钉串、盘结等技法，再选择了适宜大班幼儿的编织技法让孩子们进行体验。孩子们在操作中感受到了编织的乐趣。

编织真有趣

5. 多样绳结

接下来，孩子们结合编织材料、工具、种类、技法进行进一步的探索。在探索绳编中，他们明白了绳结的主要作用（连接、固定、捆扎），学会了几大绳结法，并运用到实际生活中：连接绳结可用于组装拔河绳；固定绳结可用于将绳子固定在栏杆上进行编织；捆扎结可用于捆绑散掉的棉绳，将其收纳好。

多样绳结

6. 讨论：死结怎么解？

孩子们也会遇到绳结解不开的情况，在一次游戏活动后，菲菲发现腰上的绳结变成了死结，用手解不开。一番思索后，豪豪试着用牙签将绳结松动，骏骏说还可以用剪刀将绳子直接剪断——原来面对死结依然是有办法的。

7. 吉祥中国结

中国结彰显汉族文明的情致与智慧，孩子们动手编织了万字结、吉祥结与祥云结，同时也在社会活动中了解了它们各自的寓意。

吉祥结  　　　　　　　　万字结 　　　　　祥云结

8. 自制绳梯

宝贝们对绳梯很感兴趣，那绳梯到底怎么做呢？通过观察，大家展开了讨论：

睿睿："两根棍子之间要有距离。"

恩泽："需要在每根绳子两端各打上一个结。"

骏骏："需要一根很长的绳子将每一块木块连接起来。"

嘉乐："需要用到木条和绳子。"

骏骏和嘉乐在材料间发现了制作"动物之家"剩下的木条，他们决定尝试用木条和麻绳制作绳梯。制作前，小朋友讨论了制作的步骤和分工。

制作前的讨论

大家满怀信心地进行了第一次尝试。

首先，用尺子测量可以悬挂绳梯的长度。经过测量，他们发现绳梯要做两米，但是拿剪下来的绳子去栏杆处比较后，他们发现太短了，于是又剪了一段 4 米长的绳子。

确定绳子长度

绳子剪好后，孩子们又认为一根棉绳太细，承受不了重量，决定将三根绳子以三股辫的形式编织在一起。在剪第二根、第三根的时候，他们用已确定长度的绳子进行测量比较，随后将绳子编织好。

到底用什么绳结法才能将绳子牢牢地固定在木条上呢？带着疑问，通过查询资料，他们最终选用了双套结。

绳梯大功告成了。可是，孩子们敢玩吗？

制作绳梯初体验

看着歪歪扭扭的绳梯，孩子们望而却步，继而讨论出存在的问题和解决的办法：

①绳子太短。绳子应做到6米，预留多一点，实在太长还可以剪短。

②绳子比较细，得换成粗粗的麻绳。

③选择材质相似的。

④棍子是歪的，打结的时候要调整棍子间绳子的长度，需要两边一样长。

⑤两根棍子间距离太远，小朋友够不到。

⑥第一根棍子太高，需要带着尺子去确定最高处棍子的位置。

带着问题与解决办法，孩子们进行了第二次尝试，其间不断调整，最终稳稳的绳梯做好了，孩子们开心地攀爬起来。

稳稳的绳梯做好了

9. 自然草编

孩子们对草编也进行了探索。遇到韧性差的草,他们发现可以多叠几层;短草可以使用连接结进行连接,变成一根更长的草;孩子们还运用稻草制作了小扫帚,来打扫班级卫生。

制作小扫帚

10. 天然藤编

在藤编的探索过程中,孩子们发现藤条较硬容易断裂,后来通过查找资料找到了解决办法——提前用水泡一泡。那如何保存藤条呢?要及时擦干水分,做到通风。孩子们还用巧手与智慧制作出了发饰与动物。

藤编

(三)第三阶段:编织趣探秘——玩转编织与创意编织

1. 玩转编织

(1)体育游戏

孩子们合作编织道具进行抓尾巴的游戏,还进行了编花篮与卷炮仗的体育游戏,原来用我们的身体也可以编织呢!

体育游戏

（2）益智游戏

疯狂的雪糕棍——将雪糕棍紧紧地编织在一起，最后拨动其中一根，雪糕棍如鞭炮般被引爆，孩子们觉得乐趣无穷。

疯狂的雪糕棍

翻花绳——将细绳灵巧地缠绕于指间，轻轻翻转、挑压，会变换出千姿百态的图案，最后巧妙一拉，绳形如同魔法般重组……孩子们在指尖的舞蹈中享受无尽的创意与惊喜。

翻花绳

（3）音乐游戏

孩子们运用学会的绳结法将各色彩带连接在一起制作成道具进行音乐游戏。

（4）角色游戏

孩子们将编织物投放到角色区——小超市，在游戏中还认识了钱币。

角色游戏

2. 创意编织

（1）桃花扇——体验竹编的魅力

竹编

（2）编织与象形——感受象形文字与编织碰撞的美

编织与象形

（3）编织大自然——充满乐趣的创作过程让孩子快乐满满

编织大自然

（4）曼达拉的美丽传说——了解曼达拉的美好寓意

曼达拉

（5）置物篮——实用性与美观性并存

置物篮

（6）冬日坐垫——冬日保暖的秘密所在

坐垫

三、课程感悟

在本次班本课程中，孩子们使用各类材料进行操作，将编织的技巧运用到生活与游戏中。他们不断挑战自己，相互合作，在点滴中进步成长。这段旅程不仅培养了孩子们专注的品质和坚韧不拔的意志，还丰富了他们的想象力与创造力。更重要的是，孩子们从中深深地感受到了传统编织艺术的美，对古老而又独特的编织技艺产生了浓厚的兴趣。

第八章

民间艺术

民间艺术

一、主题说明

在浩瀚的中华文化长河中，民间艺术犹如一颗颗璀璨的明珠，散发着独特的光芒。它们不仅承载着丰富的历史与文化内涵，更是中华民族智慧与创造力的结晶。本章旨在通过一系列精心设计的活动，引领幼儿走进民间艺术这片神奇的艺术殿堂，带他们感受民间艺术的魅力，继而传承与发扬这一宝贵的文化遗产。

民间艺术，源于生活，又高于生活。它以独特的艺术形式，记录着人们的喜怒哀乐，反映着社会的变迁与发展。在本章中，我们特别选取了花灯、鼓乐、川剧、水墨画等具有代表性的民间艺术形式，为幼儿呈现了一个丰富多彩的艺术世界。

花灯，是节日里的一道亮丽风景线。从花灯的历史与文化，到设计与实践，再到制作流程与艺术展示，幼儿将亲手点亮一盏盏美丽的花灯，照亮彼此的心灵。

鼓乐，是民间艺术中不可或缺的一部分。从鼓的文化与历史探索，到娱乐游戏价值，再到艺术创作与科学原理的探讨，幼儿将在鼓声中感受艺术的魅力，激发创造力和想象力。

川剧，作为四川地区的代表性戏曲形式，以其独特的变脸、唱腔等艺术手法，赢得了无数观众的喜爱。幼儿将通过实践活动，全方位了解川剧，感受其独特韵味。

水墨画是中国传统艺术的瑰宝。水墨画以其淡雅的色彩、灵动的笔触，展现了东方美学的独特韵味。幼儿将通过欣赏水墨动画、探讨水墨画技法等活动，深入了解水墨画的魅力。

民间艺术，不仅是一次艺术的盛宴，更是一次文化的传承。我们希望通过这些班本课程，让幼儿在轻松愉快的氛围中，了解民间艺术的历史与文化，感受其独特魅力，从而激发他们对传统文化的热爱与传承意识。让我们携手共进，为幼儿打造一个充满爱与智慧的民间艺术世界！

二、主题目标

1. 激发幼儿对民间艺术的兴趣与热爱，通过丰富的班本课程体验民间艺术的魅力。
2. 提升幼儿艺术素养与创造力，帮助幼儿掌握基本艺术技能并进行自由创作表达。
3. 传承与弘扬民间艺术文化，增强幼儿文化自信和民族自豪感。

三、主题内容表

主题名称	年龄段	主题名称	家园共育形式呈现
民间艺术	小班	"灯"彩童趣	亲子共同完成"花灯知识大调查"调查表
	中班	鼓声响咚咚	开展"各种各样的鼓"家园活动调查表
	大班	翰墨丹青润童心	亲子开展"水墨画绘画工具"大调查
		我是川剧小达人	1. 亲子共赏川剧 2. 亲子同台演绎川剧

小班班本课程:"灯"彩童趣

重庆市九龙坡区实验幼儿园教育集团　戴丽　杨晗

花灯,作为中国传统手工艺之一,不仅承载着深厚的文化底蕴和民俗情感,还随着时代的发展,逐渐融入了现代审美与技术,成为连接传统与现代文化的桥梁。探索花灯的历史渊源、制作工艺、文化内涵以及在现代社会的创新应用,可以培养孩子们对传统文化的认同感与自豪感,让幼儿在认识传统技艺的同时,在动手操作中感受美、表现美和创造美,同时激发他们的创新思维和动手能力,让传统文化在现代社会中焕发新生。

一、课程缘起

在一次春节主题谈话活动中,孩子们谈论起春节习俗:春节家家户户会吃汤圆、贴春联,到处都有漂亮的灯笼。谈及灯笼,孩子们兴奋不已,纷纷交流起自己所见过的各种各样的灯笼……关于"灯笼"的话匣子由此打开,"我们可以自己做灯笼吗?"孩子们满怀期待,于是,一场花灯之旅即将开始。

二、课程实施

(一)寻灯笼

1. 社会活动:云逛花灯会

在交谈活动中,孩子们展现出对灯笼的浓厚兴趣。鉴于此,我便组织孩子们云逛美丽花灯会,包括中国著名的四川自贡灯会、上海豫园灯会、南京秦淮灯会、西安灯会等等,还有来自国外的各种花灯展。

随着镜头缓缓推进,各种不同形象的灯笼以多种方式悬挂、组合巧妙融合,绽放出耀眼的光芒,令孩子们惊叹不已。活动中,孩子们能够跨越地域限制,尽情欣赏来自全国各地乃至世界各地的花灯,体验不同文化背景下的节日氛围,进而深化对中华优秀传统文化的理解和认同。见孩子们如此着迷,我趁机提议大家亲手制作灯笼,共同举办一场属于小二班的花灯会。孩子们听后,兴奋之情溢于言表,纷纷拍手赞同这一提议。

2. 亲子活动:花灯大调查

(1)寻找花灯

灯笼与我们的日常生活密不可分,只要细心观察和发现,一定能够发现它们的影子。孩子们和爸爸妈妈一起出发寻找花灯,大街上、古镇里、饭店里、家门口、彩票店里……孩子们惊喜地与花灯合影。

(2)花灯大调查

你在哪里见过花灯?花灯长什么样?花灯是从哪儿来的?孩子们带着这些问题完成调查表并带到幼儿园进行分享。

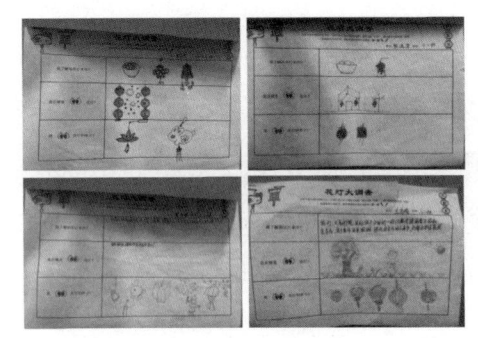

花灯亲子调查表　　　　　　　　　　幼儿分享花灯调查表内容

3. 社会活动:花灯的历史

通过孩子们的调查和分享,我发现,孩子们对于花灯的历史及功能的了解不够清晰。于是,我找来视频,给孩子们介绍花灯的历史。孩子们了解了花灯的历史传说以及从古代的祈福、照明到现代的装饰功用。花灯见证了时代的变迁,在欣赏丰富多样的花灯的同时,孩子们也感受着时代的发展变化。

4. 语言活动:《打灯笼》《雪天下灯笼》

为了让孩子们感知花灯所蕴含的深厚历史底蕴及丰富的文化内涵,我们引入了传统文化绘本故事《打灯笼》《雪天下灯笼》。孩子们在绘本中进一步感受中国传统文化的魅力,感受花灯作为年俗文化的重要组成部分,不仅烘托出节日的喜庆氛围,更作为情感传递和文化传承的重要媒介,往往寓意着吉祥、幸福和美好,寄托着人们对美好生活的向往。

绘本故事《打灯笼》　　　　　　绘本故事《雪天下灯笼》

（二）探花灯

1. 社会活动：花灯的种类

花灯到底有哪些种类呢？宫灯、龙灯、纱灯、走马灯……每一种花灯都有独特的形状。

2. 艺术活动：美丽的纹样

霖霖："花灯上那些美丽的图案是什么呀？"汐汐："我看到过像云朵的图案。"蔓蔓："我看到过像葫芦的图案。"

花灯作为传统手工艺品，充满吉祥气息的传统图腾是装饰花灯必不可少的图案。孩子们在观察花灯时注意到了花灯上的图案，于是，我带着孩子们了解了中国传统纹样，孩子们认识了钱纹、云纹、葫芦纹、灯笼纹。

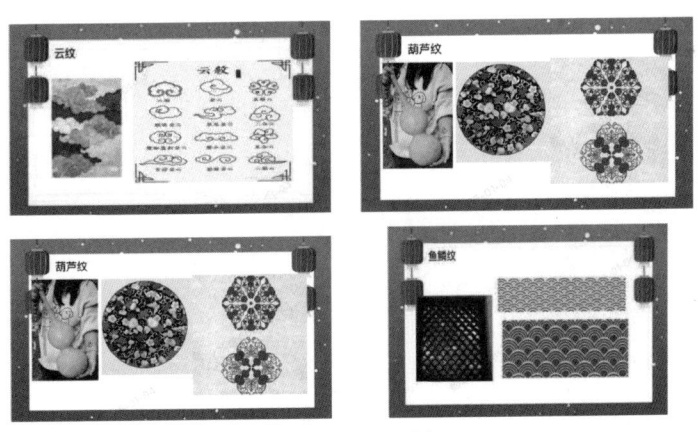

中国传统纹样

3. 科学活动：花灯的结构

花灯分为哪些部分呢？通过观察实物，孩子们了解到灯笼是由提手、灯面、骨架、光源、灯穗五个部分组成。

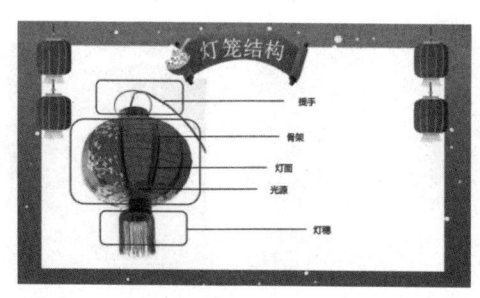

花灯的结构

（三）做花灯

1. 艺术活动：我是小小设计师

了解完关于花灯的知识后，孩子们跃跃欲试，都想制作出自己的花灯。他们化身为小小设计师，纷纷设计出自己想要制作的灯笼。

幼儿设计的花灯　　幼儿分享自己设计的花灯

2. 建构游戏：搭花灯

在建构区，孩子们利用雪花片、乐高进行穿插拼接，搭建出了独一无二的花灯。

3. 科学活动：制作花灯

（1）制作骨架

①搭建骨架

在正式搭建的过程中，每个孩子都拿着棍子在搭建着自己的灯笼骨架，显得手忙脚乱。

洋洋："老师，她抢我的木棍。"芊允："我的灯笼搭好了，我搭了3个。"

小班幼儿思维的自我中心性较为明显，鉴于此，我便减少木棍数量，组织4~5个孩子为一组进行合作搭建。在几何图形和认知方面，小班孩子仅能感知平面图形的特征，对于立体图形的特征认知较为困难。没有立体思维怎么搭建呢？我先找来一个立体的灯笼，拆掉灯面让孩子们观察内部骨架的整体构架。孩子们通过数一数，知道了一个立体的骨架需要用到的木棍数量。而后我建议孩子们分层搭建，固定好一层后再进行下一层的搭建。

建构区孩子们搭建的花灯

②固定骨架

搭建好第一层以后，为了方便搭建第二层，必须先固定骨架。骨架可以用什么固定呢？"用绳子绑起来。""用胶水粘起来。"……征求了大家的意见，我们开始了尝试。

第一次尝试：用绳子绑。

孩子们在美工区找到了麻绳，用剪刀剪下来一段后便着手绑了起来——两个孩子用手拿着木棍，一个孩子用手开始打结。可是，由于小班的孩子的精细动作发展不足，许多孩子甚至不会打结，绳子绑得并不牢靠，骨架散开了，第一次尝试以失败告终。

幼儿尝试用绳子固定骨架

第二次尝试：用乳白胶粘。

经历第一次失败后，孩子又提议，"我们可以用胶水把木棍粘起来。"于是，我们开始了第二次尝试。孩子们用刷子将乳白胶刷在木棍上，试图将木棍粘上。很快又发现了新的问题，木棍的表面是曲面且凹凸不平，乳白胶根本粘不上。第二次的尝试依然以失败告终。

第三次尝试：热熔胶枪。

孩子们在平时观察到老师总会拿着一个插电的东西来粘贴东西，于是他们便询问"那是什么？""那可以用来粘贴木棍吗？"由于热熔胶枪加热后会产生高温，有一点危险性，于是孩子们便请求老师的帮助。孩子们搭建好了以后请老师用热熔胶枪将其粘贴固定。在师幼共同努力下，第一层木棍固定成功，第二层、第三层也相继固定好了。

（2）制作灯面

①裁剪灯面

接下来要制作灯面了，灯面要多大合适呢？"我们可以把纸放上去，比着剪。"孩子们开始尝试将纸放在骨架上，比着大小裁剪。问题又出现了，裁剪的过程中纸张在不断移动，最终裁出来的纸张太小了，不能完全粘贴。

小班幼儿的空间测量能力尚欠缺，对于用尺子测量的概念尚不能理解，于是我引导他们思考，怎么才能将花灯的骨架大小画出来呢？

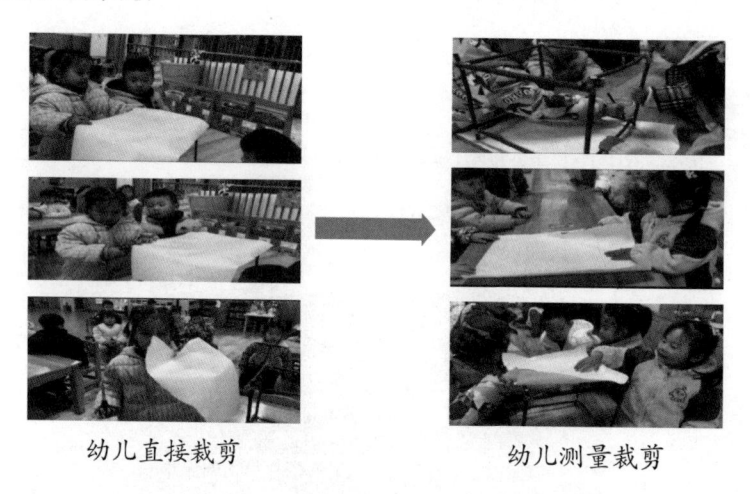

幼儿直接裁剪　　　　　　　　幼儿测量裁剪

"我们可以把骨架放上去比比。"说干就干，孩子们将骨架放在纸上，沿着骨架开始画框线，画好了以后再用剪刀裁剪下来。

②装饰灯面

操场上有许多漂亮的落叶，于是我组织孩子们将落叶收集起来，准备用落叶拓印的方式来装饰灯面。孩子们选择自己喜欢的颜色，将颜料涂在叶子上，再将叶子印在纸上，神奇的叶脉便显现出来。一草一木，一叶一花，大自然为实施美育提供了天然材料，孩子们创作的过程便是自然美育的过程。

幼儿装饰灯面

③粘贴灯面

灯面装饰好了，将其晾干后，孩子们将灯面粘贴到灯架上，将多余的部分用剪刀进行修剪。

4. 科学活动：气球花草灯笼

除了用木棍和纸的传统做法，还可以使用其他什么材料？我们能不能采用现代的技术来制作呢？我鼓励孩子们回家跟爸爸妈妈一同查阅资料，最后我们一同选定了制作花草纸灯。这是一种采用现代的材料和方法，以气球和纸结合，创新制作灯笼的做法。

5. 艺术活动：折纸灯笼

我们还鼓励孩子们动手折纸，做出创意多变的纸灯笼。一折、两折、三折、四折……孩子们在折纸的过程中，发展手部精细动作的同时也在理解图形对称的概念。

（四）秀花灯

1. 语言活动：花灯谜

雯雯："我在古镇看到过有的灯笼下面还吊着一些长方形的纸。"

轩轩："我也见到过，上面好像还有字。"

花灯谜

在了解孩子的疑惑后，我带孩子们一同了解了"猜灯谜"。这是中国独有的从古代就开始流传的元宵节特色活动。灯谜分为谜面和谜底。根据孩子们的年龄特点，我抛出问题，我们不会认字怎么办？孩子们一边思考一边讨论，提出可以用画画的方式来呈现。我们将制作好的灯谜挂在灯笼上，孩子们通过猜谜语，不仅锻炼了思维能力，还加深了对花灯文化的了解。

2. 社会活动：花灯秀

花灯制作好啦，孩子们带着自己亲手制作的花灯，参加了一场"花灯秀"。他们手持花灯，伴随着音乐，展示着自己的作品。

花灯秀

3. 社会活动：花灯义卖会

幼儿园的新年的义卖活动开始啦，孩子们提议把我们的灯笼拿去义卖，还没有做完的灯笼以现场作画的方式进行售卖，已经做好了的就当作成品售卖。孩子们从一开始的尴尬紧张、小心询问到大胆吆喝，向别人介绍和展示自己的作品，语言表达能力及社会性在此过程中得到了发展。

师生义卖花灯

三、课程反思及总结

本次"花灯"班本课程，深深植根于传统民俗文化，以幼儿的真实生活和浓厚兴趣为基石，旨在通过一系列实践活动，让幼儿亲身感受并传承中华优秀传统文化。整个课程围绕核心驱动性问题——"如何制作属于自己的花灯"展开，巧妙融合了STEAM教育理念，引导幼儿在探索与实践中成长。

（一）寻花灯——唤醒经验，感知文化

在这一阶段，我们从幼儿的日常生活出发，唤醒他们对花灯的已有认知。通过提出问题、亲子调查和阅读相关绘本，孩子们不仅初步了解了花灯的历史背景、价值功能，还深刻感受到了花灯作为中国传统年俗文化重要组成部分的深厚内涵和美好寓意。这一过程不仅增强了幼儿对传统文化的认同感，也为后续的探索活动打下了坚实的认知基础。

（二）探花灯——观察形态，积累知识

进入探花灯阶段，我们引导幼儿深入探寻花灯的主要形态、图案和结构。通过实地观察、教师讲解以及小组讨论等方式，孩子们积累了大量关于花灯的事实性经验，对花灯的多样性和艺术性有了更加直观和深入的认识。这一环节为后续的制作活动提供了丰富的素材和灵感。

（三）做花灯——跨学科融合，实践创新

做花灯是整个课程的重头戏。从幼儿自主设计花灯图纸到动手制作，每一步都充满了挑战与乐趣。我们鼓励幼儿自主计划、自主探究，通过搭建骨架、固定骨架、裁剪灯面、装饰灯面、粘贴灯面等一系列步骤，亲身体验花灯制作的完整流程。这一过程不仅涵盖了科学、技术、工程、艺术、数学等多个领域的知识，打破了学科界限，还充分体现了STEAM教育理念中的实践导向和创新精神。幼儿在动手实践中学习，不仅掌握了制作花灯的技能，还激发了创新思维，探索出了多种材料和制作方法，感受到了传统与现代工艺的差异和时代的变化。

（四）秀花灯——展示成果，传承文化

最后，我们通过设计灯谜、举办花灯秀以及花灯义卖等活动，让幼儿充分展示自己的创作成果。这些活动不仅锻炼了幼儿的表达能力和社交能力，还让他们在实践中感受到了传统文化的魅力和价值。更重要的是，通过这些活动，幼儿将花灯这一传统民俗文化传递给了更多的人，为传承和弘扬中华优秀传统文化贡献了自己的力量。

四、课程感悟

（一）课程应贴近幼儿真实生活，从幼儿真实兴趣和实际水平出发

《3—6岁儿童学习与发展指南》指出："儿童喜欢接触大自然，对周围的很多事物和现象感兴趣。对感兴趣的事物能够仔细观察，发现其明显特征。能用多种感官活动去探索物体，关注动作所产生的结果。"秉持"生活即教育"的理念，"花灯"这一主题课程自然融入幼儿的日常生活之中，不仅因为花灯与幼儿的日常生活紧密相连，更在于它能够从幼儿内心真正的兴趣点出发，深度挖掘、整合并利用多样化的教育资源。在由浅入深的"花灯"项目活动中，幼儿以多元视角和体验方式参与其中，在现实生活中发现灯笼的身影，通过直观感知与亲身实践，增强学习的实际意义。然而，反思本次课程实施过程，我们发现对幼儿实际能力水平的把握尚存不足，特别是在花灯制作环节，小班幼儿因精细动作能力和逻辑思维发展尚不成熟，在固定和粘贴步骤中遭遇了诸多挑战，这提示我们在未来课程设计中需更加注重幼儿个体差异与能力水平。

（二）教师应鹰架幼儿的学习，支持幼儿在最近发展区中获得最大程度发展

孩子的成长就是有意识地通过"跳起来，够一够"来挑战自我，当幼儿的探究学习遇到困难时，教师应该搭建脚手架，适时提供必要的支持，协助幼儿持续探究。

在固定骨架的环节，小班幼儿面临立体思维局限，怎么办？教师的角色显得尤为关键。此时，教师敏锐地洞察幼儿当前的能力基础，即对平面图形的理解与操作经验，进而引导幼儿通过团队合作，采取分层搭建的策略，有效拆解复杂任务，为幼儿搭建起探索的桥梁。教师的鹰架作用不局限于知识的即时补充，更在于对学习任务的合理分解、适时适度的指导与支持，以及设计促进合作学习的活动，确保每位幼儿都能在最近发展区内获得最大化的发展。

（三）班本课程应由动态预设走向动态生成，灵活响应幼儿兴趣与探索需求

在"花灯"课程的实施过程中，教师原计划聚焦于传统灯笼的制作，但幼儿的创意与好奇心却引领他们走向了一条更加丰富多彩的道路。当孩子们提出尝试用不同材料制作灯笼时，我们迅速调整课程方向，追随幼儿的兴趣点，不仅丰富了课程内容，还引入了用气球制作花草灯的创新实践，这一转变不仅激发了幼儿对多种材料与制作方法的探索热情，更让他们深刻体验到传统工艺与现代创意的融合，感受到了时代变迁下的文化传承与创新。这一过程生动展示了班本课程从预设框架向动态生成的灵活转变，强调了在教育实践中持续倾听幼儿声音、尊重幼儿主体地位的重要性，以及应根据幼儿实际需求灵活调整教学策略。

中班班本课程：鼓声响咚咚

重庆市九龙坡区实验幼儿园教育集团　罗佳欣　朱小燕

中国鼓，不仅是一种乐器，更是中国传统文化的象征与载体。孩子们和中国鼓会发生什么故事呢？

一、课程缘起

进入中班后，孩子们对打击乐的兴趣越来越浓厚。在区角活动中，表演区的鼓吸引着孩子们的目光，他们在游戏中发现用不同的工具敲击鼓的不同部分会发出不同的声音，也在一次次尝试中敲击出一些简单的节奏。好奇心和求知欲驱使着孩子们讨论着："鼓为什么会发出声音？""还有没有更大的鼓？""鼓为什么都是圆圆的？""怎么样才能打出好听的音乐？"

我抓住孩子们对鼓的兴趣，敲响中国鼓，传承中华魂，和孩子们在这场穿越古今的邂逅中，共同绘就了一幅生动而美丽的文化画卷。

二、课程实施

（一）鼓舞千年

鼓舞千年，鼓声悠扬。孩子们聆听着古老的故事与传说，传承着千年的信仰与仪式，见证着中华民族的坚忍与辉煌。

1. 熟悉又陌生的鼓

对于每天都在玩的鼓，孩子们已经非常熟悉了，他们可以击打出不同的声音和节奏，可是孩子们真的了解鼓吗？我们围绕着"教室里的鼓"进行了一次谈话活动。

老师："教室里的鼓有什么特别之处吗？"睿哲："鼓是圆圆的。"琛琛："鼓的中间大，两边会小一些。"大河："鼓可以发出声音，可好听了。"小帅："用鼓槌敲更好听。"麦麦："鼓好像是木头做的，旁边敲起来硬硬的。"汐汐："不对，鼓的上面不是硬硬的，可是我也不知道它是用什么做的。"

孩子们对鼓的认知停留在比较浅显的层面，主要集中在鼓的外形特点上，很少一部分幼儿关注到制作鼓的材料。从一次谈话活动中，孩子们对鼓的兴趣进一步被激发，鼓的作用、鼓的构造、制作鼓的材料成为孩子们下一步探索的线索。

2. 新发现：生活中的鼓

有了问题，孩子们就会马不停蹄地去寻找答案。教师依据孩子们的兴趣编写了调查记录表，让孩子们利用周末的时光和家长一起去寻找生活中的鼓。

孩子们寻找生活中的鼓

孩子们找到了各种各样的鼓，有拨浪鼓、腰鼓、手鼓、花盆鼓、堂鼓；还发现原来鼓不仅会在音乐表演的时候用到，古时候还被人们用来激励士兵；鼓在不同场合有不同的摆放方式，比如立鼓和平鼓；

鼓由鼓面、鼓身、鼓钉等部分组成……孩子们和爸爸妈妈一起将他们的新发现用图文并茂的方式记录下来,并在幼儿园进行分享。

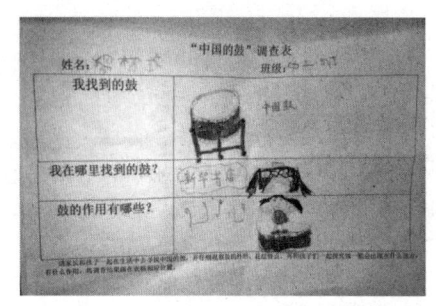

"中国的鼓"调查记录表

鼓的历史悠久,孩子们也想穿越回古代去感受鼓的妙用。他们一起在鼓上翩翩起舞,感受鼓上舞的魅力;他们一起击鼓,感受鼓声带来的震撼;他们一起"划龙舟",感受鼓声带来的配合与默契。

孩子们感受鼓的妙用

借助家园共育的力量,让孩子们回到生活中去寻找鼓,经过观察发现、记录表征、输出表达三个步骤,孩子们对鼓有了进一步的了解。每个孩子带来的发现都是不一样的,所以教师在孩子们的分享后需要进行总结、梳理、归纳、运用,实现新旧知识的意义建构。

(二)鼓中妙想

鼓中妙想,趣探大鼓。围鼓嬉戏,尽享游戏之乐;废物利用,尽显再造之美;环保创意,凸显创造之趣。

1. 鼓中有游戏

经过第一个阶段的活动,孩子们对鼓有了基本的认识,他们还利用区角、户外活动、餐前准备的时间和鼓玩起了各种各样的游戏,比如:娱乐游戏"击鼓传花",音乐游戏"大鼓小鼓",体育游戏"蒙眼敲鼓",语言游戏"虎与鼓"等等。

孩子们玩和鼓有关的游戏

游戏是孩子们学习的基本方式，孩子们充分利用在园时间，开发和五大领域相关的游戏项目，不仅促进了自身发展，还拉近了和鼓的距离，丰富了鼓的功能，让鼓渗透到生活、学习、玩耍的方方面面。

2. 鼓中有创意

（1）丙烯颜料画：中国鼓

中国鼓通常呈圆柱形，鼓面平整而富有张力，由坚实的木材制成，覆以细腻的动物皮革。鼓身常饰有精美的图案和金属钉子，展现出浓郁的民族风情和艺术美感。孩子们都觉得中国鼓特别漂亮，也想动手去画一画。鲜艳的色彩，精美的纹样装饰，黏土制作的立体鼓钉，灵动飘逸的鼓带……在孩子们的笔下，中国鼓的魅力得到无限绽放。

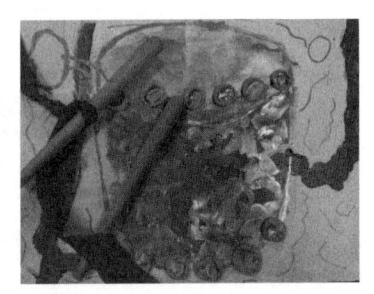

孩子们正在创作美术作品

（2）手工：壮族铜鼓

有个孩子从广西旅游回来和同伴们分享了他在广西发现的壮族铜鼓，在观察了解后，孩子们发现壮族铜鼓和中国鼓虽然都是中国传统的打击乐器，但在材质、形状、用途和文化背景上都有显著的差异，我们由此在美工区延伸开展了"制作壮族铜鼓"的活动。孩子们将两个一次性纸盘用胶水粘在一起，形成一个类似于铜鼓的圆柱体。有的小朋友还提议在纸盘的边缘涂上金色的颜料，让它看起来更像真正的铜鼓。于是大家纷纷拿出画笔，认真地为自己的"铜鼓"着色。所有"铜鼓"都制作完成后，孩子们围坐在一起，用手轻轻敲击着这些"铜鼓"，仿佛真的置身于广西壮族的传统节日中。

孩子们制作壮族铜鼓

作品《壮族铜鼓》

（3）陶泥：中国鼓

在饭后路过陶艺坊时，小睿说："我们能用陶泥来做中国鼓吗？"小睿的提议得到大家的认可，孩子们下午便开始行动起来。摔一摔、搓一搓、揉一揉、捏一捏，等陶土阴干后再上色，瞧，一个个童真童趣的中国鼓呈现在我们眼前。

孩子们用陶泥做中国鼓

通过三次美术手工活动，孩子们在创作中学习遮挡关系和画面布局，在动手操作中丰富关于壮族铜鼓的知识，在分享和合作中体验到了快乐和成就感，利用不同的表现形式对中国的鼓文化有了更深的理解和尊重。

3.STEAM 活动案例：我也来做鼓

（1）活动背景

在玩纸盘制作"壮族铜鼓"时，奇奇不小心把鼓面弄破了，孩子们都围了过来，想帮忙修补。但是他们用透明胶补好铜鼓后，铜鼓却不能再发出清脆的声音了，这可把孩子们急坏了，这到底是怎么回事呢？我们紧接着开展了一次科学活动。

（2）活动过程

问题一：鼓是怎么发出声音的呢？

鼓是怎么发出声音的呢？孩子们推来了大鼓，我击打着鼓面，让孩子们观察鼓面的变化。小虎首先发现了鼓面在震动，可是其他孩子并没有观察到。接着我们撒了一些茴香籽在鼓皮上，一敲，茴香籽便在鼓面上跳舞了。

在自主操作的环节，孩子们发现有的茴香籽跳得特别高，而有的茴香籽跳得矮，通过对比实验，原来，敲击的力度越大，茴香籽就跳得越高，代表着震动越强烈。而破损的鼓面不能产生震动，所以铜鼓拍不响了。

科学实验：鼓是怎么发出声音的

问题二：用什么来做鼓呢？

用纸盘做的鼓太容易坏了，孩子们想做出一个更结实的鼓，他们围绕"用什么来做鼓"展开讨论。

老师："那用什么做鼓才不容易坏呢？"子媛："石头。"

子媛的回答引发了孩子们的笑声，孩子们纷纷说："不行不行，石头太重了！"

小睿："那就用木头呀，本来大鼓就是用木头做的。"老师接着说："什么样的木头呢？你们能找到木头吗？"孩子们都摇摇头。老师接着说："你们刚刚都说的是制作鼓身的材料，请你们再观察，鼓身有什么特点呢？""圆圆的。""身体胖胖的。""中间粗，两头细。"孩子们七嘴八舌地说出了鼓身的特点。"那请你们想想，生活中有哪些材料是有这些特征呢？""饼干盒子。""奶粉罐罐。""零食盒子。""竹筒。"……孩子们说出了很多种材料，这些材料都有一个共同的特征都是圆柱体。

"我们都知道教室里的大鼓鼓皮是用牛皮做的，请你们想想，还有什么可以用来当鼓皮呢？"我又向孩子们抛出问题。

跳跳:"牛皮是牛身上的皮,小猪、小狗的皮可以来当鼓皮吗?""可是我们没有这些动物的皮呀!"佩奇回答道。麦麦:"那用纸吧!""不行不行!纸一下就被打破了。"奇奇连忙反驳麦麦。麦麦:"我是说硬硬的卡纸!"希希:"我觉得布可以用来做鼓面,还可以随意剪出我想要的大小呢!"

最后孩子们决定用牛皮、硬卡纸、布来试一试,看看哪类材料作为鼓面才能发出清脆的声音。

孩子们还利用周末的时间收集了各种各样的罐子,兴奋地给小组的伙伴介绍着:"我弟弟喝完的奶粉罐就是一个圆柱体,敲起来咚咚响!""我吃完的饼干盒子扁扁的、圆圆的,是塑料的。""这是我从老家拿来的竹筒,也是圆圆的哦!"

孩子们分享带来的材料

问题三:鼓面要多大呢?

介绍完自己带来的材料以后,孩子们迫不及待地用笔当作鼓槌,选择不同材料当鼓身和鼓面进行初步尝试,但是鼓面的材料都太大了,不能贴合鼓身,怎么办呢?

方法一:用参照物

梦玟在美工区翻了翻,把装颜料的铁盘子拿了过来,她说:"我用大盘子和小盘子去和鼓身比一比,就知道啦。"孩子们纷纷学习梦玟的方法,找到适合鼓身口径的盘子,再扣在鼓面的材料上,用笔一标记,合适的鼓面就出来啦。

方法二:用尺子量

佩奇带来的罐子特别大,比铁盘还要大,如何才能为它找到合适的尺寸呢?跳跳想到了教室里面的尺子:"我们还可以用尺子来量呀!"孩子们找到零刻度,记录下罐口的直径,再在鼓皮材料上做记号,最后沿着线剪下来，就这样得到了合适的鼓面材料。

孩子们用尺子量出鼓面的大小

问题四：如何装饰鼓身呢？

孩子们带来的罐子都是花花绿绿的，上面还有很多商品的文字，大家都觉得不好看，那如何来装饰鼓身呢？

然然："可以用颜料呀！"炘艺："那要先用大刷子刷，再用小刷子装饰。"承霖："还可以用水彩笔！""对，还有丙烯马克笔。"炘艺追着说道。大河："还可以用黏土粘上去。"孩子们依据之前的美术经验说了很多种装饰方式，开始逐一进行尝试。他们发现并不是所有材料都适合装饰罐罐：水彩笔涂到罐罐上看不清楚，而且画在塑料罐子上一擦就掉了；黏土粘在竹筒上是最稳固的，但粘在铁罐上一会儿就掉了。

这时候乐乐说："我们可以给罐罐们穿衣服呀，用纸画了再贴上去，肯定不会再掉了！"乐乐的提议得到了小朋友们的认可，他们开始了新一轮的尝试。大家找来白纸，用白纸围着罐罐"量体裁衣"，接着在纸上画出好看的青花瓷纹样，最后用双面胶将纸粘在罐罐上，罐罐就这样穿上了它的新衣服。

孩子们用不同的方法装饰鼓身

问题五：如何固定鼓面和鼓身呢？

第一次尝试：绳子

现在鼓面和鼓身都准备好了，如何固定它们呢？孩子们第一时间想到的是用绳子把鼓面绑在鼓身上，可是辰辰和然然尝试了几次都没有成功。辰辰说："牛皮很滑，一会儿绳子就掉了。"然然说："我总是打不好结，绳子老是缩进去。"第一次用绳子的方法以失败告终。孩子们继续思考：什么方法能让鼓身和鼓面不分离呢？

第二次尝试：鼓钉

正当孩子们犯难时，大河看到了教室里面的鼓，说："我们也可以用鼓钉啊！"

奇奇说："鼓钉是尖尖的，要用工具来帮忙吧！"

小番茄说："用锤子！我爸爸在家就是这样钉钉子的。"

于是孩子们去找保安师傅借来了锤子，在老师的帮助下把鼓钉一下一下地打进鼓身，这下再也不用担心鼓面会飞起来了。可是，这样很麻烦，并且塑料罐的鼓身钉子是打不进去的，这又怎么办呢？

孩子们和老师一起用鼓钉固定鼓面

第三次尝试：针线

还有什么方法可以固定鼓面和鼓身呢？

琪琪灵机一动，说："可以用针线呀，就像我们在百草园缝制香囊一样。"

花花："对，香囊也是两块布缝在一起，扯不烂。"

孩子们开始穿针引线，一个小朋友用手固定鼓身和鼓面的位置，另外一个小朋友找准鼓面的位置，一针一针地将上下鼓面固定在鼓身上。过了好一会儿，一个个鼓面才固定好，他们迫不及待地想要拍打自己的小鼓，可是发现一拍，鼓面就凹进去了，没有一点声音。孩子们失望极了。

拍打后的鼓面凹陷了

他们开始寻找原因,发现固定的线有些是绷紧的,有些是松垮的,所以一用力鼓面便凹陷进去了。找到原因后,孩子们重新用针线固定鼓面和鼓身,每穿一针便拉紧一次。这一次,孩子们的鼓面都没有到处乱跑了,而是牢牢地被固定住,孩子们兴奋地拍打着自己做的小鼓。

孩子们正在用针线固定鼓面

问题六:它们的声音不一样

孩子们的鼓都做好以后开始敲敲打打,他们发现选择的鼓面、鼓身的材质不同,发出来的声音也会不同。孩子们通过表格用绘画表征的方式将实验结果表示出来:布+塑料罐+针线固定的小鼓基本上没有声音,孩子们觉得是布太厚、太软,不能产生震动;牛皮+奶粉罐+针线固定的小鼓上下鼓面敲击后发出的声音不一样,孩子们认为是因为有一侧的鼓面不够紧……

在讨论以后,孩子们发现用牛皮作为鼓面的声音是最清脆的,用针线固定和鼓钉固定是最稳固的,不同的材料要用不同的方式组合,这样才能做出能敲响的小鼓。最后孩子们画出了鼓面、鼓身的材料以及固定方式,用连线的方式展现了材料的最佳搭配方法。

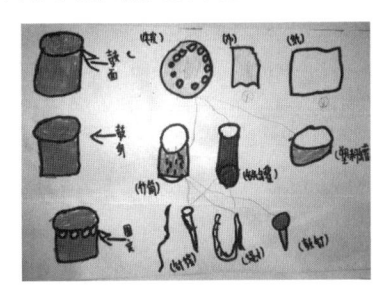

最佳材料选择表

在制鼓的整个活动过程中,STEAM 教育理念贯穿始终,提升了幼儿的 STEAM 素养。STEAM 要素分析表如下:

STEAM 要素	活动内容	实施成效
科学(S)	鼓是怎么发出声音的	了解声音是由振动产生的
	针线太松,鼓不能发出声音	了解鼓面是完整的才能产生震动

239

续表

STEAM 要素	活动内容	实施成效
技术（T）	掌握用针线固定鼓身和鼓面的诀窍	手部精细动作得到发展
	在教师的帮助下学会用锤子和钉子	
工程（E）	利用观察、比较、操作、总结等方法探究制作鼓的最佳材料和方法	运用表征记录的方法，了解不同材质做出鼓的不同效果
	通过亲身体验和实际操作了解制作鼓的过程	提升科学性和整体性思维
艺术（A）	用青花瓷纹样和粘贴的方式美化鼓身	提升幼儿对美的感知和体验
	用颜料和丙烯马克笔美化鼓身	
	用黏土美化鼓身	
数学（M）	测量鼓的大小、高度	学会用尺子等测量工具，提升对数字的读写能力
	记录鼓钉的数量	

（三）鼓乐齐鸣

鼓乐齐鸣，武韵鼓声。孩子们的鼓声激扬，似千军万马驰骋而来；击鼓编曲，以创意图案奏响现代与传统的和谐之音；当古诗和中国鼓相遇，孩子们唱出别样的韵味；步伐有序，武术操和中国鼓相结合，绽放出新时代的别样光彩。

1.鼓原来还可以这样打

在日常的观察中我发现大多数孩子只会敲击鼓面，也有孩子握鼓槌的方式不对，导致打鼓时比较吃力，于是我们展开了"怎么打鼓"的探索发现。

孩子们分为几个小组，自由探索打鼓的方式方法。教师引导孩子们去思考："除了击打鼓面还可以击打什么地方呢？""鼓要怎么打声音才是最好听的？"孩子们带着问题在实践操作中思考，子琪："我觉得还可以打鼓的旁边。"悦悦："两个鼓槌击打也可以发出声音。"岑岑："我发现如果不小心打到鼓面的边缘，声音就很小，也不好听。"小虎："对，我也发现了，击打鼓的中间，声音是最好听的，而且用的力气越大，声音就越响亮。"

击鼓方式

最后，在教师的支持和引导下，孩子们学习了四种基本的击鼓方式，分别是击鼓心、击鼓边、击鼓槌、按鼓。

学习基本的击鼓方式是开展后续活动的基础，在这个重要的环节中，教师的角色始终是支架的搭建者，教师的任务不再是现成知识和概念的教授者，而是引导者和支持者，教师不是通过简单的图片和单薄的语言去引入新知识，而是以问题为线索，让孩子们在亲身体验、实际操作中去发现正确的击鼓方式。

2. 我设计的鼓谱

孩子们掌握了打鼓的方法和技巧后，对打鼓的兴趣更浓厚了，不再是没有节奏、随意地敲打，而是竖着耳朵去倾听歌曲的节拍，敲出鼓点。但是，我发现有些孩子不能记住击鼓心、鼓边的顺序，有时候节奏会错乱，所以，我通过孩子们熟悉的《两只老虎》引出了鼓谱，在鼓谱中用简单的"○""×""—"来帮助孩子们理解歌曲。有了鼓谱的帮助，孩子们击打的整齐度得到明显的提升。

在一次练习中，笑笑说："老师，我也想自己来设计鼓谱。"笑笑的话语引发了孩子们新一轮的讨论。炘艺："我最喜欢爱心了，我要用爱心来代表击鼓心。"辰辰："那我要画出三个三角形，表示击打三次鼓边。"峻峻："我喜欢正方形，红色的正方形是击鼓心，黄色正方形是击鼓边，紫色正方形是击鼓槌。"峻峻的方案得到小朋友们的认可，用同一种图形不同的颜色来区分是一个好办法。

老师："你们每个人设计的鼓谱都不一样，只有你们自己知道怎么打，如果其他小朋友想打你们的鼓谱怎么办呢？"小虎："我知道。我就在图谱上面画上图形代表击打哪里就好啦！"孩子们便开始创作出自己的鼓谱，各种各样的颜色、各式各类的图形在孩子们的纸上呈现出来，有的孩子还边画边敲，想试出最美妙的鼓乐。

不一会儿，孩子们的鼓谱就创作完成了，他们介绍、展示着自己的鼓谱，随后，一场"鼓乐大会"开始了。孩子们自由地选择鼓谱，观察小伙伴的鼓谱，击打出最美妙的鼓乐。

教师展示鼓谱

孩子们创作鼓谱

孩子们设计的鼓谱

在整个活动中,孩子们从认识鼓谱、实际运用、创作表征、再次运用四个阶段实现了对击鼓的深度学习。幼儿作为活动的主体,在活动中充分发挥主观能动性,实现了对旧知识图形和新知识击鼓方式的迁移运动。教师在活动中作为幼儿活动的支持者学会了"退位",将更多自主学习的机会留给幼儿,通过关键性提问去引导孩子一步一步地探索,通过提供各类材料给孩子表征的机会。

3. 当鼓遇上古诗

这天区角活动中,笑笑边念古诗《悯农》,边敲打中国鼓,其他孩子们纷纷拿起三角铁、沙锤和碰铃等乐器加入表演。我随即播放《悯农》的儿歌,引导他们理解音乐节奏,并练习如何与乐曲合拍,最终孩子们用古诗、中国鼓和其他乐器共同呈现了一场生动的打击乐表演。

打击乐表演《悯农》

4. 当鼓遇上武术

六一儿童节马上要到了,孩子们练习了很久的鼓想要登台表演,可是有一个难题摆在面前:由于舞台的限制,只能有 8 个小朋友进行击鼓表演,那其他的小朋友怎么办呢?孩子们展开了讨论。

奇奇:"其他小朋友可以在旁边跳舞。"悦悦:"那可不可以跟着音乐唱歌呢?"言言:"鼓的声音那么大,小朋友唱歌都听不见了。"乐乐:"我现在在学武术,我们打武术操吧!"乐乐说完便给小朋友们表演了一段武术,踢腿、出拳、翻跟斗,动作行云流水,干净利落。小朋友们看得目不转睛,纷纷为乐乐鼓掌喝彩。"哇,好厉害!"小虎兴奋地喊道。"我也想学武术!"梓涵跃跃欲试地说。

最后,我们决定将中国鼓和武术操相结合,经过不断地练习,孩子们在舞台上的表现收获了全场的掌声。

六一节目表演《舞韵鼓声》

当孩子们对鼓的认识已经比较深入，如何挖掘新的课程点呢？如何实现课程的延伸呢？孩子们充分发挥主观能动性，设计鼓谱，击打鼓谱，实现玩法创新。将中国鼓和其他乐器、古诗、武术操相结合，不仅焕发了中国传统文化的活力，也展现出中国传统文化艺术形式的多样性。

三、课程感悟

从孩子们喜欢敲敲打打的天性出发，以兴趣为导向，以问题为推手，让他们一步一步了解鼓、探索鼓、制作鼓，在实践活动中丰富对中国鼓的认知，在击打活动中增强身体的协调性，在制作活动中通过同伴合作获得愉悦的体验，在表演活动中逐步学习如何调节力度、控制节奏，体验合作演奏、团队协作的乐趣，在不经意间发现鼓和日常生活的联系，丰富鼓的意义价值。

孩子们的主动学习引起深度学习，这类课程不仅提升了孩子们的音乐素养、审美能力、动手能力、分析解决问题的能力，也让中华优秀传统文化焕发了活力，一颗颗传统文化的种子正在孩子们的心中生根、发芽。

大班班本课程：翰墨丹青润童心

重庆市九龙坡区实验幼儿园教育集团　向琴

说到水墨画，相信大家脑海里会蹦出"意境、唯美、柔和、诗意、大气、豪放"等字眼；如果再提著名画家齐白石、张大千、徐悲鸿，大家肯定会想到群虾骏马、山水荷花。

水墨画作为中国画中的一种，在国际画坛独树一帜，是我国传统文化的瑰宝。它不像油画那么浓艳，色彩也不像水粉画那么丰富，一黑一白、淡泊清雅是它的魅力所在。孩子们眼中的世界五彩缤纷，五颜六色是孩子们描绘内心世界的色彩。当孩子们的色彩世界里闯入这简单的黑与白，其独特的作画特征和笔墨趣味,会和孩子们碰撞出怎样的火花呢?一次偶然的契机,大一班的孩子们开始了水墨画的探索之旅,与水墨画结下了不解之缘。

一、课程缘起

这天晨间活动时间,玥玥兴奋地拿着妈妈新买的图画书《猴子捞月》来到阅读区,自豪地向轩轩、丹丹和珊珊介绍着自己的新书。

玥玥:"看,这是我妈妈送给我的图画书。"轩轩:"这不是《猴子捞月》的故事吗?我家里有一本彩色的《猴子捞月》。"丹丹:"就是《猴子捞月》。我以前也看过彩色的《猴子捞月》的故事。"珊珊:"你的书和那个彩色的《猴子捞月》不一样,你的书上的画是黑白的。"玥玥:"对呀。妈妈说这些都是墨汁画的水墨画,是用毛笔画的。"轩轩:"可是,我觉得没有彩色的好看啊!"玥玥:"因为这是用墨汁画出来的,这个是中国人发明的水墨画。"珊珊:"我也喜欢看彩色的,觉得黑白色不好看。"

听了轩轩和珊珊的对话,原本非常自豪的、想带来惊喜的玥玥心情有些失落,一时之间不知道说什么话。之后,她低头不语,默默地继续看自己的书。

孩子们正在讨论水墨画图画书《猴子捞月》

从这场谈论中可以看出,幼儿对于水墨画不甚了解,所以无法激起对水墨画图画书的兴趣。水墨画作为国画的一种,它的自然、写意所带来的美感,是一代代中国人文化生命的重要组成部分。但对于幼儿园很少接触过水墨画的孩子来说,水墨画非黑即白的画面,没有丰富色彩的强烈视觉冲击,显得十分无趣。《幼儿园教育指导纲要(试行)》指出,要"充分利用社会资源,引导幼儿实际感受祖国文化的丰富与优秀,激发幼儿爱祖国的情感"。

作为一所艺术特色幼儿园,无论从美育的角度,还是从传承中华优秀传统文化的视角,都应该抓住这次教育契机,让水墨画走进孩子的艺术世界。

二、课程实施

（一）好奇问墨：欣赏水墨动画《猴子捞月》

1. 讨论：是否有黑白的《猴子捞月》动画视频？

在玥玥向同伴介绍水墨图画书《猴子捞月》的当天，一场针对水墨画《猴子捞月》的讨论展开了。

珊珊："玥玥带来的《猴子捞月》是黑白色的，我以前都没有见到过。"盼盼："我看过彩色的《猴子捞月》，还看过彩色的《猴子捞月》的动画片。"琪琪："我也看过彩色的《猴子捞月》故事动画片和书，没有见过黑白色的。"希希："真稀奇。《猴子捞月》居然还有黑白色的。不知道有没有黑白色的《猴子捞月》的动画片呢？我好想看一看哟。"陌陌："我觉得彩色的《猴子捞月》动画片很好看。我也好想看黑白色的《猴子捞月》动画片，不知道好不好看。"

孩子们围绕黑白色的《猴子捞月》故事书和动画视频，纷纷发表了自己的看法。

孩子们正在讨论水墨风格的动画视频《猴子捞月》

2. 解惑：欣赏水墨动画视频《猴子捞月》

为满足孩子们的好奇心，我利用集中教育活动之前的过渡时间，特意找到了《猴子捞月》的水墨风格动画视频，供他们欣赏。看完动画之后，孩子们又开始讨论起来了。

玥玥："老师，这个动画跟我带来的书好像差不多，都是用墨汁画出来的，感觉只有黑白色。"俊俊："真的吗？能借给我看看你带来的书吗？"岩岩："我也想看你带来的黑白色的《猴子捞月》。"

孩子们正在观看水墨画动画《猴子捞月》

3.讨论：水墨画是用墨汁画出来的吗？

午餐之前的过渡时间，许多小朋友都迫不及待地坐到了玥玥的身边。玥玥又开始自豪地介绍起自己带来的《猴子捞月》图画书。

玥玥："这是我妈妈送给我的，妈妈说这里面的画都是用墨汁画出来的。"俊俊："墨汁？是海里那个章鱼喷出来的墨汁吗？那个能画画吗？"元元："墨汁就是黑色的水，我爷爷有的，他就是用这个来写字的。"甜甜："那到底是写字还是画画啊？可是，玥玥的书里猴子身上的颜色是不同的。你们看，这个肯定不是黑色。"玥玥："我也不知道了。但是我外公家里墙上有一些画，妈妈说那些画都是水墨画。"孩子们纷纷发表着自己的看法。

转眼间，又到了午餐后的休息时间，朗朗问我："老师，今天看的动画是水墨画吗？""对呀！"朗朗："和玥玥今天带来的书是差不多的吗？她今天带来的书是水墨图画书。水墨画是不是就是用墨汁画的呀？元元家里有墨汁。"元元："是我爷爷家里有，爷爷是用来写毛笔字的。"婉婉："我在美术班看到过，是用毛笔画的，叫水墨画。"

见到孩子们对水墨画有如此浓厚的探究兴趣，我便顺势而为，满足他们的好奇心，决定以水墨画为主题，带着孩子们开始一段神奇的水墨文化之旅。

《3—6岁儿童学习与发展指南》指出，"要充分尊重和保护幼儿的好奇心和学习兴趣"，教师要"创造条件让幼儿接触多种艺术形式的作品"。基于幼儿带来的水墨画图画书引发的讨论，我及时通过幼儿喜欢的动画的形式激发幼儿对水墨画的探索兴趣。由于水墨动画的内容和玥玥带来的图画书都是采用水墨画的方式，巧妙的导入让玥玥有机会向同伴推荐自己的水墨画图画书，从而增强了孩子们对水墨画的谈论兴趣，顺利地让水墨画主题在班级"启程"。

（二）萌娃赏墨：欣赏大师的水墨画

到底什么是水墨画？水墨画就是墨汁画出来的吗？水墨画除了黑色还有其他颜色吗？水墨画是中国才有的吗？带着孩子们的一个又一个问题，我寻找到中国水墨四绝的大师墨宝作品图片：齐白石的虾、徐悲鸿的马、黄胄的驴、李可染的牛，并将其制作成PPT供幼儿欣赏，旨在引导幼儿自主观察、发现、总结水墨画的特点。

俊俊："原来这就是水墨画呀！感觉都是黑色的。"琪琪："这虾画得像真的一样，虾是煮熟了才变红的。"玥玥："画上面有个方块的红色是印章，我妈妈说那个印的是画画人的名字。"轩轩："这都是古代人画的吧？那时候没有彩色的画。"林林："这个画画的纸怎么和我们平时画画用的白画纸不一样呢？"轩轩："我爷爷说这是宣纸，很软的。"俊俊："老师，我发现了一个秘密，这个画虽然都是黑色的，但是有的颜色深，有的颜色浅。"玥玥："老师，这个到底是不是用墨汁画出来的呀？我们可以画吗？"甜甜："用什么笔画呢？墨汁是什么样的呀？"

在《3—6岁儿童学习与发展指南》中，艺术领域被分为"感受与欣赏""表现与创造"两个方面。"感受与欣赏"是"表现与创造"的前提，艺术教育应该从"感受与欣赏"入手。为此，我收集了一些著名大师的水墨画作品让幼儿进行欣赏感知。在幼儿自主欣赏水墨画的过程中，我给予幼儿充分的时间去观察、欣赏、讨论、猜想。当幼儿欣喜地告诉我他们的发现时，我给予鼓励和赞赏；当幼儿抛给我问题时，我微笑着告诉他们，我们一起去寻找答案。在整个活动过程中，我采用激趣、留疑的方式，充分调动幼儿探索的欲望，让幼儿自己动手去发现、探索，收获新经验，实现新发展。

（三）齐心寻墨：认识绘画工具

墨汁是什么样的？和颜料一样吗？画水墨画的笔是毛笔吗？我将这些问题抛给了孩子们，让他们自己回家和家长一起了解有关水墨画的绘画工具，并做好调查记录。

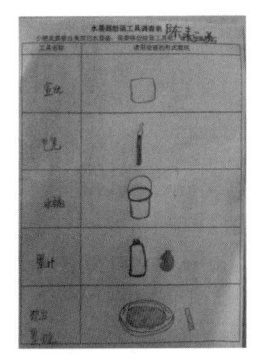

孩子们完成的水墨画工具调查表

我又发动家长，请家里有笔墨纸砚的幼儿将其带来幼儿园。同时我也准备了一套绘画工具放在了美工区，区域游戏时鼓励幼儿在看一看、闻一闻、摸一摸、磨一磨中认识不同的水墨画绘画工具。

水墨画绘画课

甜甜："原来这就是墨汁呀。老师，我们以前画梅花的时候，墨汁用嘴吹一吹就变成了梅花的树枝。我们用的就是墨汁吗？"陌陌："对的，墨汁闻起来有股臭臭的味道。"

珊珊拿出了砚台问大家："你们知道这是什么吗？"

"我知道，这是磨墨的。"子俊兴奋地说了起来。老师："对，这个像圆盘一样的磨墨的东西叫砚台，旁边的像长方形一样的东西叫墨锭，是用来磨墨用的。在砚台上滴几滴水，用墨锭磨一磨就会出现墨汁。""老师，我们可以试试吗？"我点了点头表示同意。孩子们一阵忙碌，时不时发出惊叹："哇，真的有墨啦！"老师："不过我们幼儿园的小朋友平时画水墨画的时候，很少用到砚台和墨锭。"陌陌："老师，这个软软的小垫子是什么呢？用来干什么呢？"老师："这个像小垫子一样的、摸起来软软的东西叫作毛毡。毛毡一般都比较柔软，上面还有一层毛绒，在画画的时候将它垫在下面，墨汁和颜料等不容易浸透下去，不会让桌子出现污渍，而且毛毡在使用之后还可以清洗，晾干后能继续使用。"陌陌："原来毛毡的作用还挺大的，可以帮助我们保持桌面清洁。"

孩子们正在感知、体验水墨画作画工具

"老师，这就是画水墨画的纸吗？摸起来软软的，像面巾纸一样，但是没有面巾纸白。"林林摸着宣纸问我。我："对，这个叫宣纸，是专门写毛笔字、画国画用的纸。""你们看，这个毛笔我会拿，我爷爷就是这样写毛笔字的。"珊珊也兴奋地拿着毛笔仔细观察起来。

孩子们认识宣纸、毛笔

区域游戏结束后，我利用午餐前时间邀请刚才在美工区活动的幼儿将自己对工具的认识及磨墨的过程介绍给全班幼儿，让所有的幼儿都认识到水墨画的绘画工具主要有墨汁、毛笔、宣纸、毛毡、砚台和墨锭。

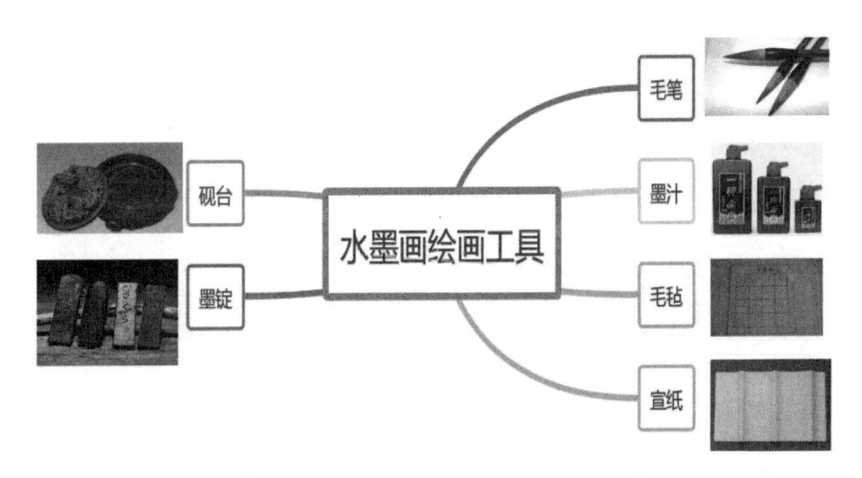

水墨画之绘画工具图

利用区域游戏的时间，幼儿通过看一看、闻一闻、摸一摸、动一动的方式，感知了绘画工具的部分特性，知道了墨汁的味道有点难闻，颜色是黑色的；了解到毛毡是用来防止墨汁弄脏桌子；知道了画水墨画用的是宣纸等等。教师再引导部分幼儿亲身向所有同伴介绍，让幼儿向同伴传递直接经验，同伴的经验分享让幼儿的兴趣更加浓厚。

（四）趣味探墨：戏玩探索水墨

认识了水墨画绘画工具，幼儿的操作欲望越发强烈。如果单从水墨画的特征、作画方法组织幼儿开展绘画活动，会是一个比较枯燥的过程且容易出现千篇一律的作品。基于幼儿的学习方式和特点，我鼓励幼儿自己去探索发现水墨画的绘画方法和技巧。

欣欣："画水粉画的时候要加水，那用墨汁画画要加水吗？"珊珊："不用的，我爷爷写字就不加水。"澍澍："可是，我看到人家的水墨画上有的颜色深，有的颜色浅，肯定是加了水的。"老师："你们可以做一个实验，看看在墨汁里加上不同量的水会有什么变化。"

于是，一场水与墨的探究实验拉开了序幕。孩子们从美工区拿出了透明的杯子，分别开始做起了实验。实验过程中，孩子们时不时发出惊叹声。"我说的吧，加了水，就能有不同颜色的墨汁了。"璇璇自豪地告诉大家。"你们看，真的，加多点水墨汁的颜色就要淡一些，不一样了。"欣欣兴奋地向大家展示自己加了水兑出来的墨汁。"我们先放水再滴墨汁，墨汁就像云一样散开了，真好看。"练练满脸笑容地告诉了澍澍。

孩子们进行水墨小实验

"好漂亮啊，像花一样。"珊珊把墨汁滴在了宣纸上，然后又在上面滴上了水，墨汁晕染开来，产生了墨晕。

看见珊珊的实验，彦彦也心动了。他对墨汁加水晕染开来这个奇妙的现象产生了浓厚的兴趣，也想来尝试一下。于是，他安静地在美工区开始了玩墨之旅。只见他把墨汁滴在宣纸上，加点水，神奇的一幕展现在他的眼前。宣纸上墨汁晕染开来，形成了和珊珊宣纸上完全不同的墨晕。

孩子们进行水墨晕染小实验

通过自主的实验探究，孩子们发现了墨和水是可以融合在一起的，墨汁里面加的水越多，画出来的颜色就越淡；墨汁里面加的水越少，画出来的颜色就越浓。如果在纸上先点墨汁再点水，也能画出漂亮的水墨晕画。

（五）无畏画墨：创作水墨画

1. 借形造诣

墨在水里变化无穷，如果在宣纸上根据墨晕的形状进行添画，会出现什么奇妙的景象呢？一起看看幼儿视角的水墨画是多么富有童趣和创意！

男男："我把加了水的墨汁抖呀抖，宣纸上就出现了房子，里面有很多小房间。"玥玥："墨汁在宣纸上跑呀跑，变成了一条鱼，游呀游。"珊珊："我的墨汁在宣纸上感觉就像在跳舞。"

孩子们开始进行水墨画创作

孩子们通过自己的想象，创造性地给墨迹添画，还滔滔不绝地分享自己添画的成功经验。

元元："看，我画出了一座高山，这山长得奇形怪状的！"玥玥："我在墨迹上画呀画，画成了一只小兔子的样子。"男男："我的画就像一个葫芦的形状。"彦彦："我要画些水草，让我的鱼儿有草吃。"琪琪："老师，我的墨迹像刺猬的身体，我就画上刺猬身上的刺。"珊珊："我画的是一座高山上建了一些房子，人们沿着梯子爬上山，去山顶玩耍。"

孩子们在水墨晕染的基础上进行添画

孩子们的想象创意在一张张宣纸上显现出来，仿佛在述说着一个个有趣、生动的水墨故事。

孩子们创作出了一些水墨画作品

有趣的墨迹变化让孩子们惊叹不已。他们拿着自己创作出来的墨迹图转动着方向，浮想联翩。我们不仅感慨于中国水墨文化的神奇，同时也感受着水墨意境的唯美。

幼儿的艺术里没有任何约束，只有点、线、面等构成的要素，以及表达自己的情感。在水墨画的创作中要鼓励幼儿想象和创造。借形创作就是发挥幼儿丰富的想象力，利用点、线、面借助墨水晕染的纹理，添画出自己的作品。幼儿从中体会到了水墨画的乐趣，丰富了作画经验，提升了美术素养。

2.实物拓印、添画

有了画墨的体验之后，幼儿开始了各种形式的自主创作。我在美工区投放各种实物，如小盘子、小石头等，鼓励幼儿近距离观察实物的外形特征，将实物蘸上墨汁之后，拓印在宣纸上，根据拓印的外形轮廓特征继续创作水墨画。

林林："我用小盘子拓印出圆圆的形状，像章鱼的身体，我可以画上章鱼的触角。"婉婉："小盘子圆圆的，印在宣纸上，也是圆圆的墨迹，我也想画章鱼。"

孩子们用小盘子拓印进行创意添画

然然："小石头蘸上墨汁，印一印，这一块墨迹让我想到了田地。"希希："圆圆滚滚的小石头，滚到了田地里，躺在那里在睡觉。"

孩子们用小石头拓印进行创意添画

孩子们发挥想象，借助实物拓印的轮廓，创作出活泼可爱的章鱼、五彩缤纷的梯田，还有美丽的荷叶、荷花。在老师的帮助下，他们用国画颜料给创作出的作品穿上了五颜六色的衣裳。顿时，所有的作品都变得鲜活起来，给人赏心悦目之感。孩子们高兴得合不拢嘴，徜徉在艺术美感的世界中。

孩子们创作出的水墨画作品

《3—6岁儿童学习与发展指南》指出，艺术是人类感受美、表现美的重要形式，也是表达自己对周围世界的认识和情绪态度的独特方式。每个幼儿心里都有一颗美的种子。幼儿艺术领域的学习的关键在于引导幼儿学会用心灵去感受和发现美，用自己的方式去表现和创造美。幼儿对事物的感受和理解不同于成人，幼儿独特的笔触、动作和语言往往蕴含着丰富的想象和情感，我们应该对幼儿的艺术表现给予充分的理解和尊重。

在幼儿创作水墨画的过程中，我充分创造条件和机会，支持幼儿自发的艺术想象表现和创造表达。我不用自己的审美标准去评估幼儿，更不为追求结果的完美而让幼儿进行千篇一律的临摹训练。我保护幼儿想象和创造的萌芽，让幼儿在美妙的艺术世界遨游。

（六）借机识墨：探索毛笔的成分

在创作的过程中，孩子们还有新的发现。

浩林："老师，你看我画的章鱼！这个笔太细了，章鱼的触角画出来不像触角了，只有多画几笔才可以画出粗粗的触角。"

婉婉："我画的章鱼触角也有这样的问题。为什么那些水墨画上有的线条粗，有的线条细呢？"

希希："应该是笔的粗细不同吧。我爷爷平时就在用毛笔练字。他告诉我，毛笔有的粗有的细。"

老师："小朋友们观察得非常仔细，水墨画作画用的毛笔是不同的。我们常见的毛笔主要分为狼毫、羊毫、兼毫三种。每一种毛笔用的动物毛不一样。狼毫主要是用黄鼠狼的尾毛做成的毛笔，羊毫主要是用山羊毛制作成的毛笔，兼毫是用羊毫和狼毫一起制作成的毛笔。兼毫的外层是羊毫，中间部分是狼毫。在画水墨画的时候，狼毫是用来画边框的，就像勾线笔一样；羊毫适合晕染，就像涂色一样；兼毫适合点画，就像盖印章一样。"

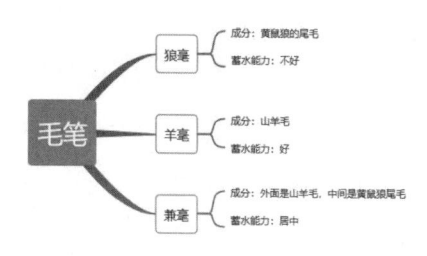

不同＼名称	狼毫	羊毫	兼毫
蓄水能力	💧	💧💧💧	💧💧
来源	黄鼠狼	山羊	山羊、黄鼠狼

探索毛笔的成分

随着对水墨画的探究兴趣越来越浓厚，幼儿逐渐对作画工具产生了更细致的探究欲望。不同的工具在作画时会起到不同的作用，教师要始终追随幼儿的兴趣，提供必要的材料和认知的支持，以促进幼儿的深度学习。

三、课程感悟

《3—6岁儿童学习与发展指南》指出，"幼儿园要通过多种手段，萌发幼儿对于美的感受、美的体验，丰富幼儿对于美的想象、美的创造，要引导幼儿用自己喜欢的方式去表现美、创造美。"在引导幼儿认识水墨画、喜欢水墨画、创作水墨画的课程道路上，我没有沿袭传统的临摹教学法，因为长时间的临摹容易让幼儿产生失败感和畏惧心理，导致幼儿鲜活的感受美、创造美的天性渐渐消磨殆尽。

在本次课程中，我基于幼儿的学习特点，从赏析优秀的水墨画作品到玩水墨知水墨，帮助幼儿建立了对水墨的完整感知后，才引导幼儿进行画作。整个过程以"趣"为出发点，注重幼儿在活动中的情感体验和表现。在中国水墨画的传统文化熏陶中，激发幼儿情趣，促进其体验审美愉悦和创造的快乐，体验自我表现和创造的成就感，实属重中之重。

大班班本课程：我是川剧小达人

重庆市九龙坡区实验幼儿园教育集团 赵璐 苏涵曦

川剧是什么？川剧演员是怎么变脸的？为什么脸谱是花花绿绿的？孩子们带着问题，通过寻、看、摸、探、画、唱、演等形式逐步对川剧进行探索，一步一步熟悉、传承非遗中的瑰宝——川剧。

一、课程缘起

川剧是中华优秀传统文化，有着极高的教育价值，对人的思想、意识、观念有着直接的影响。川剧是我国传统戏曲的剧种之一，也是重庆非遗文化中极具特色的重要组成部分。然而，幼儿接触川剧的机会很少，因此觉得川剧充满了神秘感。为弘扬传统艺术、传承国粹经典，我们幼儿园定期邀请了川剧演员给孩子们献上一场传统文化的"饕餮盛宴"。孩子们在欣赏和模仿中，对川剧产生了浓厚的兴趣，尤其是我们大班的小朋友们，他们经常会问："他们是怎么变脸的？""脸上的花纹是画上去的吗？""为什么变脸像变魔术？""他们头上戴了一个皇冠吗？"根据孩子们的兴趣和大班幼儿的年龄特点，我创设了"我是川剧小达人"的班本课程。

二、课程实施

（一）识川剧

1. 欣赏川剧

我园充分利用了社区资源，邀请社区川剧专业演员进我园表演，与孩子们互动。在一次次精彩绝伦的表演和近距离的互动中，孩子们对川剧逐步熟悉。

孙悟空扮演者与孩子们互动

2. 亲子社会活动：寻找川剧

我们开展了"寻找川剧"的亲子活动。孩子们欣赏到了更多的川剧节目，还与川剧演员们近距离合影。孩子们知道了，川剧就在我们身边，川剧就源于我们生活、贴近生活。

3. 自主阅读川剧绘本

亲子活动后，有家长购买了有关川剧的绘本送到幼儿园，供所有的孩子分享翻阅。孩子们在翻阅的过程中，更广泛地了解到川剧相关的服饰、角色、剧目等等。

幼儿园川剧节目《孙悟空变脸》，可谓是孩子们一场视觉上的"饕餮盛宴"，让孩子们一饱川剧艺术的魅力。节目中，孙悟空多次使用川剧中变脸的独门技术，让孩子们欢喜到尖叫。孙悟空是孩子们非常喜欢的一个经典故事人物，以川剧的形式呈现在孩子们眼前，孩子们更是欣喜。孩子们对川剧产生了非常浓厚的兴趣，各种好奇的问题涌现，迫切地想要了解川剧更多的相关问题。

（二）探川剧

单靠视觉上的了解，已经满足不了孩子们强烈的好奇心。他们的激情推动着我们课程的进一步进行。我们开展了一系列关于川剧的集中教育活动和区角活动，从唱川剧、学川剧、画川剧等不同的角度探索川剧的秘密。

1. 集中教育活动

（1）音乐活动：认识川剧角色

在欣赏完川剧节目后，孩子们分析节目中的角色，模仿不同角色的动作。

模仿川剧角色的动作

（2）音乐活动：唱脸谱

在幼儿园阶段，关于戏剧的歌曲并不多，《唱脸谱》是最为经典又非常好唱的歌曲。孩子们在学习完《唱脸谱》后，还加上了自编的动作进行表演唱。

表演唱《唱脸谱》

（3）美术活动：川剧脸谱

通过绘画的形式了解川剧，肯定少不了的就是绘画川剧脸谱了。孩子们通过观察川剧脸谱中对称、夸张的表现形式，了解了不同色彩代表着不同的人物性格，绘画出自己心中独一无二的脸谱。

绘画川剧脸谱

（4）语言活动：西游记

孙悟空这个角色对于大班的小朋友来说并不陌生，但关于《西游记》里的故事，小朋友们了解得还很少。于是，我们开展了"西游记之白骨精"的语言活动。在故事中，孩子们了解了师徒四人西天取经的路上遇到白骨精的故事，了解了师徒四人的角色关系以及人物的性格特点，为创编川剧节目奠定了内容的基础。

在孩子们强烈的兴趣下，我们将川剧的深入探索带入集中教育活动中，开展了音乐活动"认识川剧角色"、歌唱活动"唱脸谱"、综合活动"探秘川剧服饰和道具"、美术活动"我设计的川剧服""川剧脸谱"、语言活动"西游记"等等。孩子们在活动中，了解到川剧的角色有生、旦、净、末、丑这五大类；用歌声感受了戏曲拖腔的韵味；用夸张的色彩对比，创作出了不一样的川剧服饰和脸谱；了解了《西游记》中师徒四人的角色关系及人物性格特点。

2.区角活动

（1）图书角

在讲过《西游记》故事后的那段时间，我们班的孩子对《西游记》非常着迷。因此，我们在图书角创设了《西游记》的皮影戏台，孩子们可以在这里自由地演绎《西游记》的故事。

演绎皮影戏《西游记》

（2）表演区

我们在表演区也提供了道具、服装等，孩子们在表演区表演得不亦乐乎。

自主表演

（3）美工区：多元材料遇上川剧

孩子们在美工区自主选择喜欢的材料，用画、捏、贴等方式表现川剧。瞧，他们正在用石头和盘子进行创作呢！

自主创作

（4）阅读区：皮影故事

孩子们喜欢的不仅仅是川剧的脸谱，还有各种色彩艳丽的服饰、各种夸张的头饰等等，都让孩子们着迷。因此，我们又开展了"川剧娃"的服装设计活动。孩子们将设计好的川剧娃投放在了阅读区的皮影戏台，提供给表演皮影戏的孩子们玩耍。他们还制作了川剧皮影灯。瞧，孩子们正提着皮影灯在讲故事呢！

讲故事

孩子们将了解的川剧知识带到了区角活动中，美工区、表演区、阅读区都成为他们自由创想、大胆表现的天堂。在表演区中，孩子们模仿着川剧节目中的动作，结合着自编的舞蹈动作自由地表演着；在美工区，孩子们用各种不同的材料，表现着川剧服饰和道具夸张的色彩对比；在阅读区中，孩子们用在美工区制作的皮影人物和皮影灯创编出了很多精彩的戏剧故事。

（三）演川剧

1. 川剧社团

班级课程已经远远不能满足孩子们成长的脚步，大部分孩子都报名参加了幼儿园的川剧社团，每周都能得到专业川剧老师的指导和川剧艺术的熏陶。

2. 戏剧早操

川剧成了我们班最热门的话题。孩子们给本学期的早操也创编了川剧的主题。孩子们将音乐《唱脸谱》

结合川剧动作，创编出了一套川剧扇子器械操，还在亲子活动时进行了展示。

3. 熟悉川剧服饰和道具

在班级课程和社团活动的推进下，孩子们越来越热爱川剧。在得知六一节要表演川剧时，他们迫不及待地拿出服装，想要了解川剧服装到底是什么样的。瞧，他们试的试、玩的玩，可开心了！

4. 川剧表演

六一节的表演是孩子们第一次上台演出，得到了幼儿园领导、家长们的一致好评。紧接着，他们被邀请参加社区活动演出、区级庆典演出等等。演出一台接一台，孩子们沉浸在川剧带来的快乐中。

川剧表演

在各种表演中，孩子们深切地感受了川剧的妆容、服饰、头饰以及道具的特色，真正地走进了川剧这个华丽的艺术殿堂，感受了川剧文化的魅力。在一次又一次的排练中，他们培养了坚持不懈、不怕困难的品质，体会了"台上一分钟，台下十年功"的含义。

三、课程感悟

孩子们通过一日活动及各个领域的川剧活动的开展，感受到了传统艺术的魅力，理解了川剧的基本元素，学习了川剧的基本动作。通过引入文学作品《西游记》，幼儿丰富了用川剧元素模仿、自主创编文学作品中的角色形象的经历。

孩子们的每一个活动都源于他们对川剧浓厚的兴趣，他们自发自主地生成各种有趣的游戏和活动。老师在这些过程中是一个助推器，配合、协助他们完成他们想要达成的目标。

幼儿园中一直在推行传统文化的教育理念，川剧是我国传统文化中一颗璀璨的明珠，传承川剧这一本土非遗文化，我园、我班、我们将继续砥砺前行。

第九章

传统文化班本课程作品欣赏

诗礼润心

○ 创意作品《鹅鹅鹅》，来自班本课程"藏在唐诗里的童趣"

○ 创意作品《登鹳雀楼》，来自班本课程"藏在唐诗里的童趣"

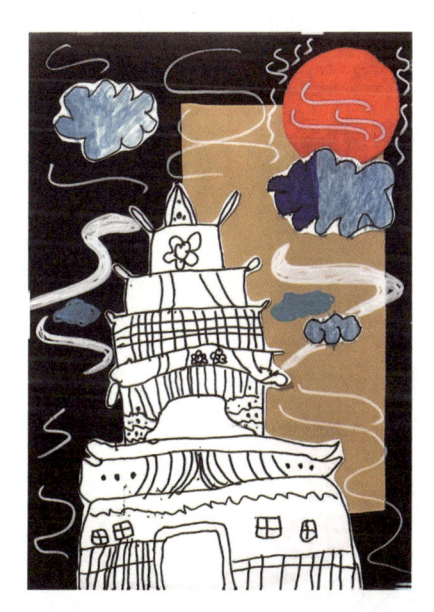

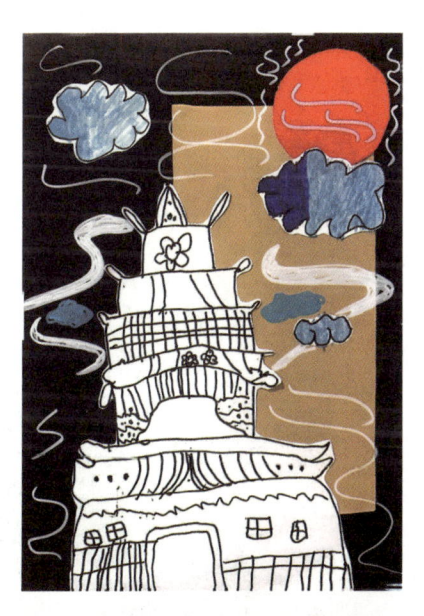

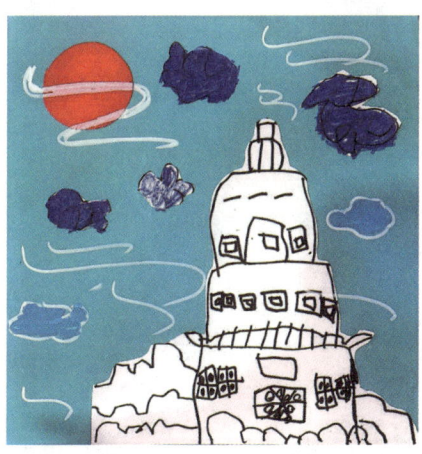

文脉传承——传统文化班本课程汇编

○ 创意作品《名字变变变》，来自班本课程"姓氏大揭秘"

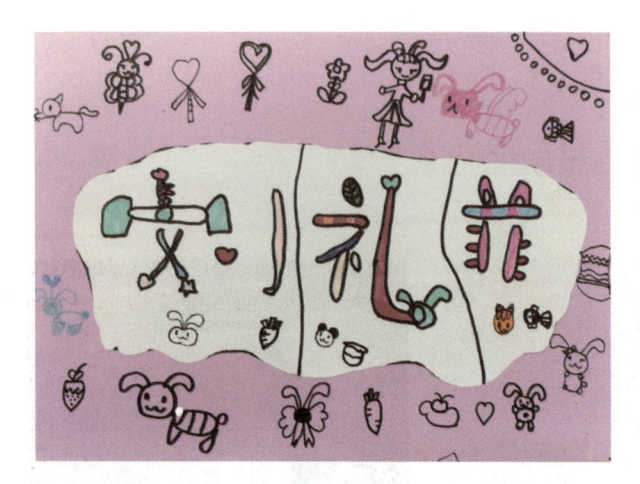

264

第九章　传统文化班本课程作品欣赏

○ 创意作品《登高》，来自班本课程"中华孝亲之礼"

○ 美术作品《"孝"字之我想》，来自班本课程"中华孝亲之礼"

食韵遗香

○ 创意作品《盖碗茶》,来自班本课程"'食'之有礼"

○ 创意作品《一壶春茶》，来自班本课程"'食'之有礼"

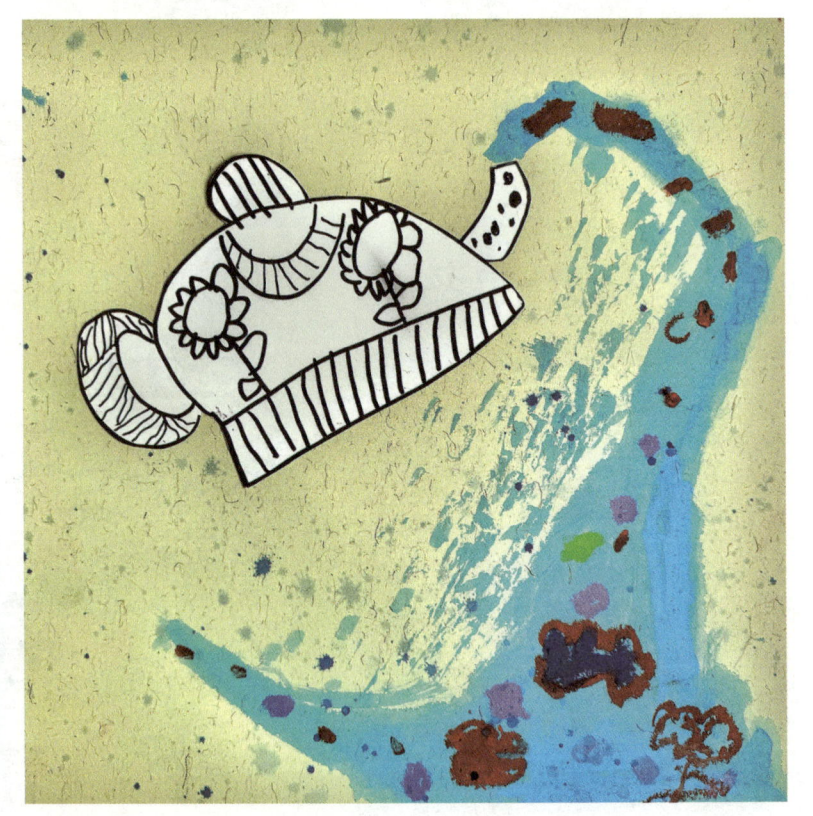

第九章 传统文化班本课程作品欣赏

○ 美术作品《柿柿如意》，来自班本课程"秋意浓情　节气韵味"

雅俗流芳

○ 创意作品《五彩灯笼》，来自班本课程"'灯'彩童趣"

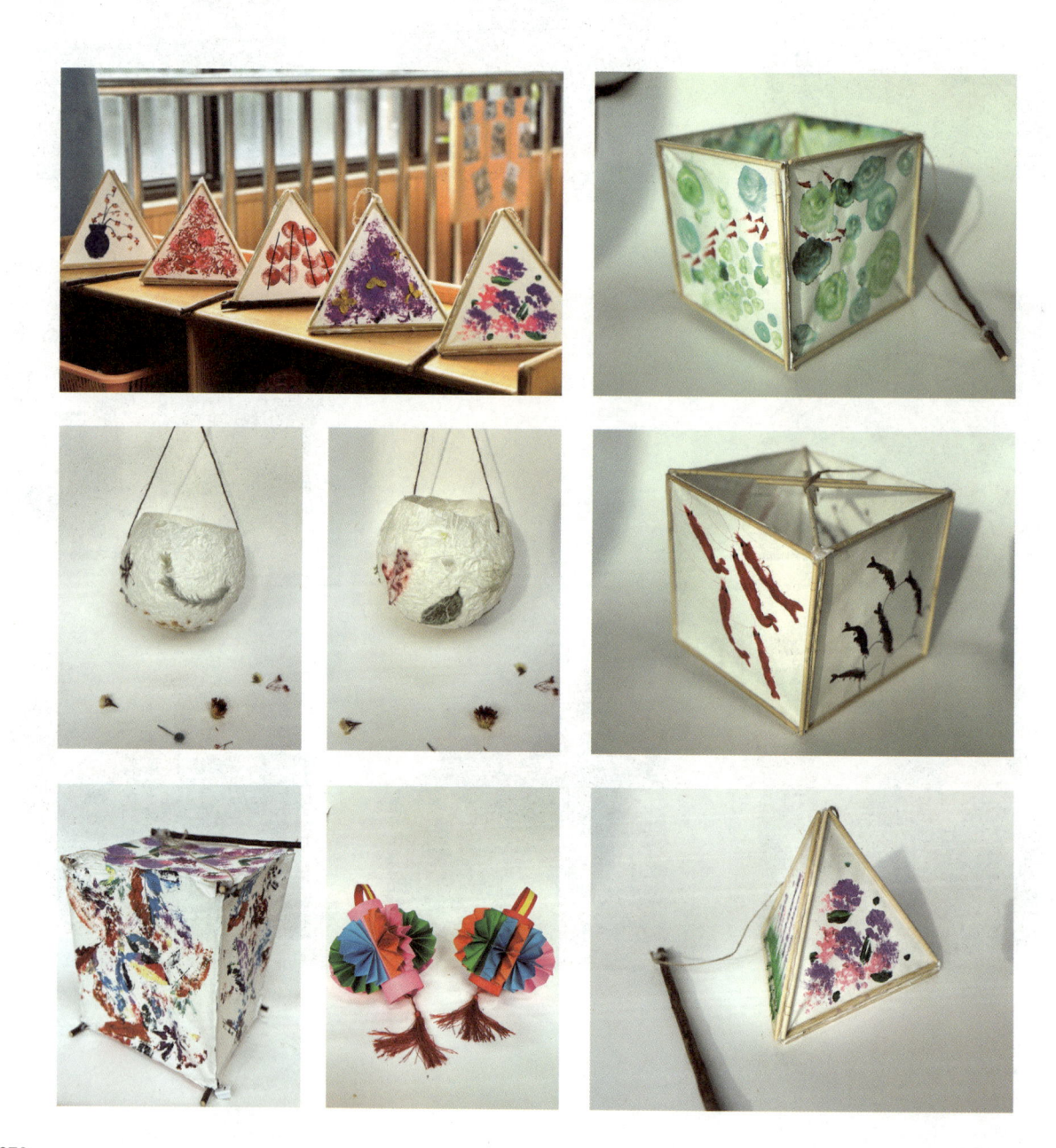

第九章 传统文化班本课程作品欣赏

○ 创意作品《抖空竹》，来自班本课程"小空竹 大乐趣"

文脉传承——传统文化班本课程汇编

○ 创意作品《花瓶小摊》，来自班本课程"陶陶的世界"

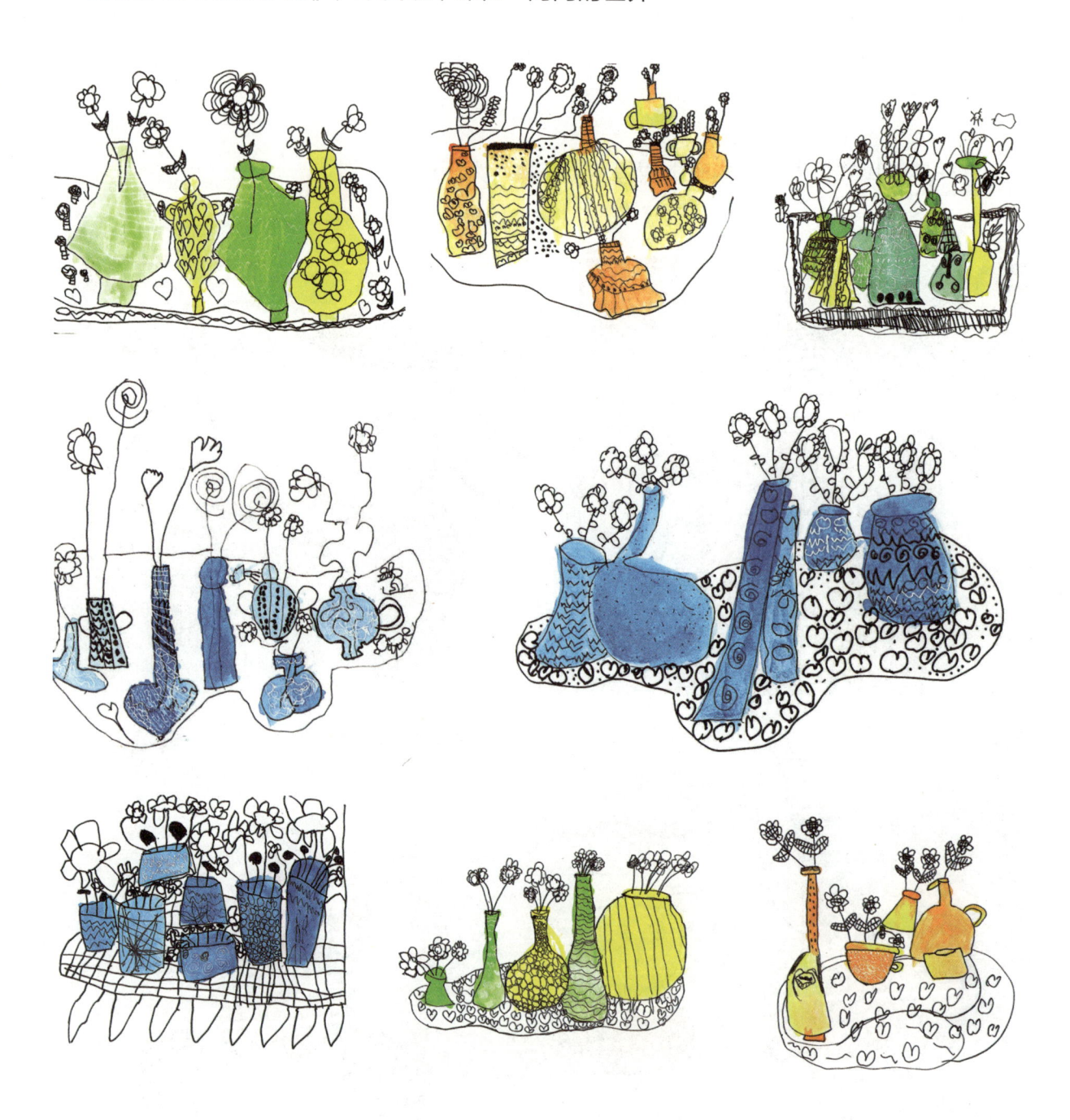

第九章　传统文化班本课程作品欣赏

○ 创意作品《龙年手提袋》，来自班本课程"龙年说'龙'"

○ 创意作品《龙印》，来自班本课程"龙年说'龙'"

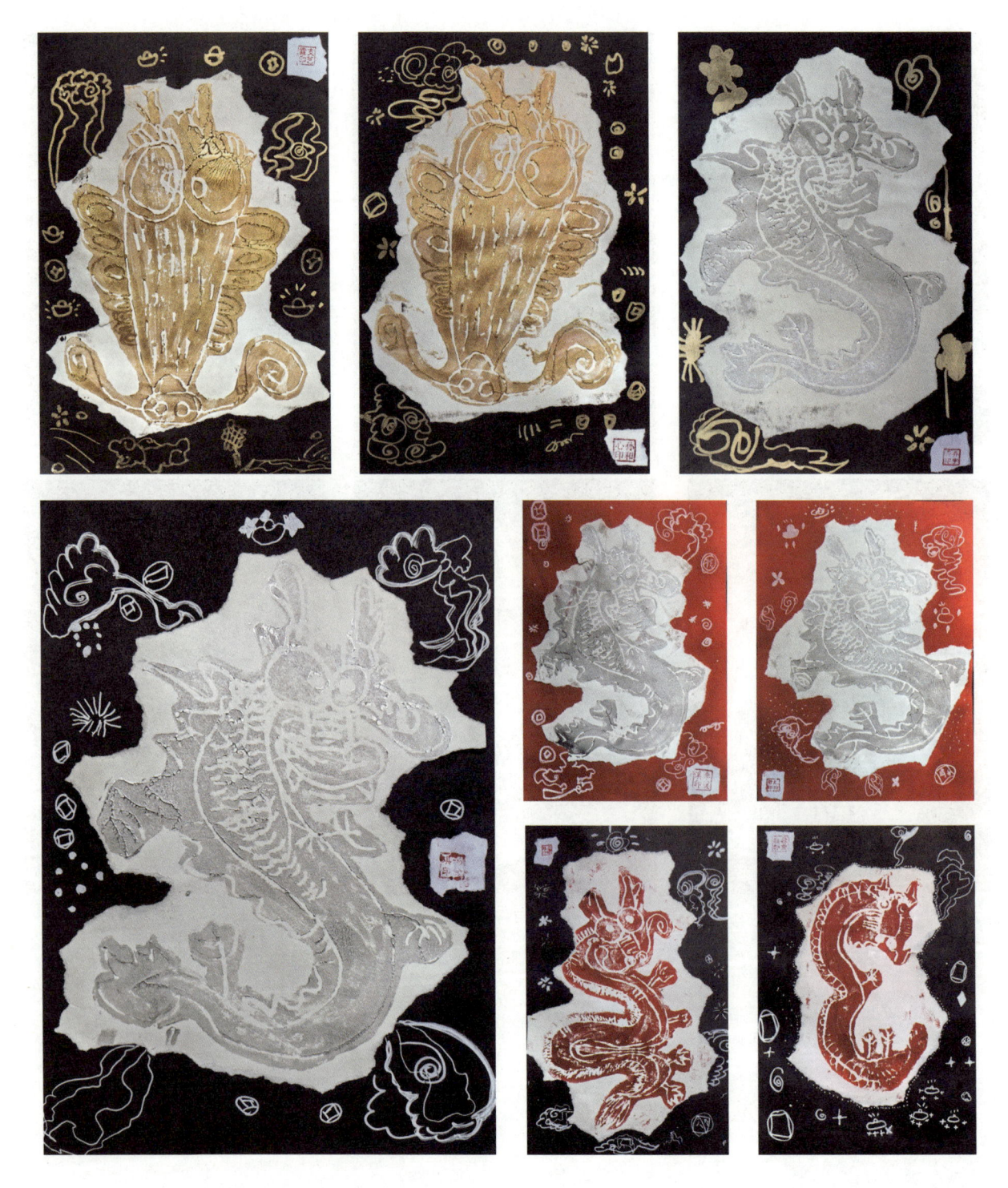

第九章　传统文化班本课程作品欣赏

○ 创意作品《水墨龙韵》，来自班本课程"龙年说'龙'"

○ 创意作品《墨绘空竹乐》，来自班本课程"小空竹 大乐趣"

第九章 传统文化班本课程作品欣赏

○ 创意作品《秋日残荷》，来自班本课程"造纸社的故事"

○ 创意作品《竹扇》，来自班本课程"探秘编织"

○ 美术作品《壮族铜鼓》，来自班本课程"鼓声响咚咚"

◉ 文脉传承——传统文化班本课程汇编

匠心载道

○ 创意作品《筷子手工》，来自班本课程"小筷子 大世界"

第九章 传统文化班本课程作品欣赏

○ 创意作品《百变编织》，来自班本课程"探秘编织"

281

文脉传承——传统文化班本课程汇编

○ 创意作品《蚕宝宝》，来自班本课程"小小'丝'旅家"

第九章 传统文化班本课程作品欣赏

○ 创意作品《蚕丝扇》，来自班本课程"小小'丝'旅家"

文脉传承——传统文化班本课程汇编

○ 创意作品《独特的陶器》，来自班本课程"陶陶的世界"

第九章　传统文化班本课程作品欣赏

○ 创意作品《小小陶器设计师》，来自班本课程"陶陶的世界"

○ 创意作品《陶泥中国鼓》，来自班本课程"鼓声响咚咚"

第九章 传统文化班本课程作品欣赏

○ 创意作品《自制鼓》，来自班本课程"鼓声响咚咚"

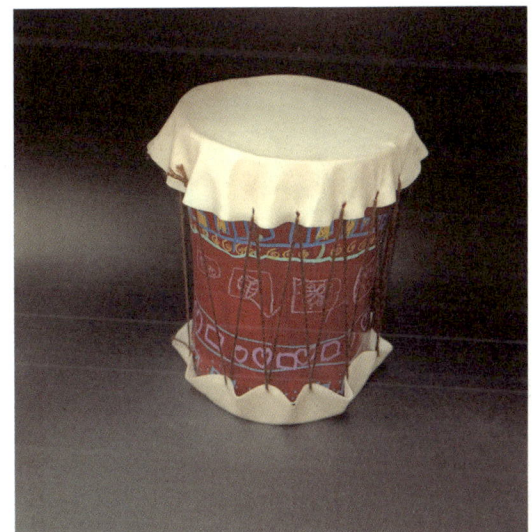

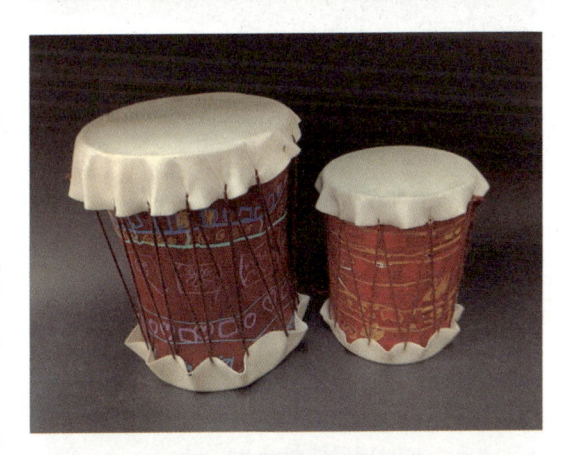

文脉传承 ——传统文化班本课程汇编

○ 创意作品《中草药制品》，来自班本课程"神奇的中草药"

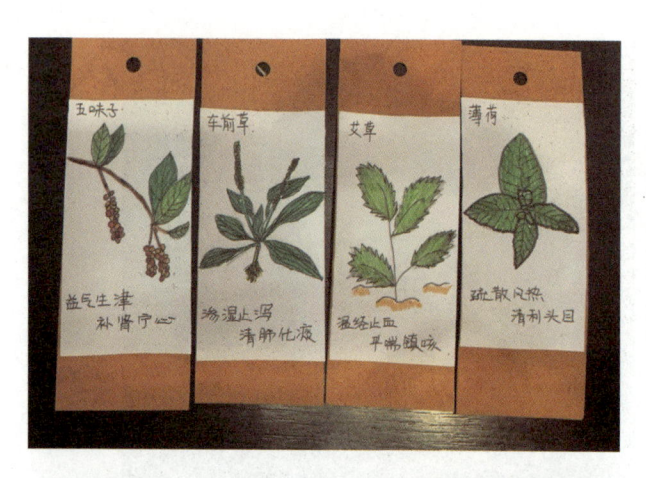

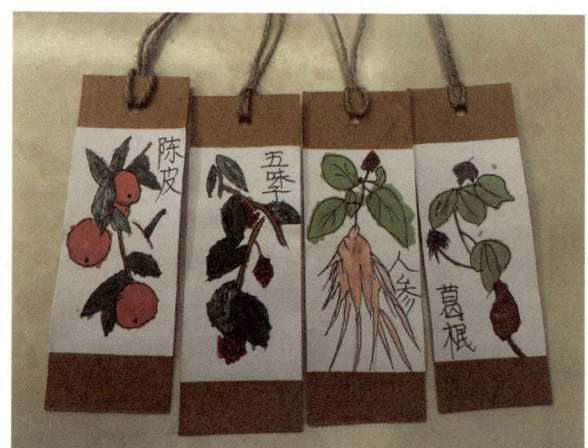

○ 创意作品《纸艺团扇》,来自班本课程"造纸社的故事"

○ 创意作品《香制品》，来自班本课程"香之旅"

后 记

以文化人　启智润心

中华优秀传统文化是中华民族思想文化的结晶，具有内涵深刻、历史悠久的特点，重视追求真、善、美的优秀品格，对人生、社会、自然等方面的哲学探索往往和现代社会的文化发展相得益彰。将其融入幼儿园班本课程探索中，既是对中华优秀传统文化的传承与发扬，也是将感性认知和理性认知统一于美育课程的过程，有利于发挥大美育课程的整体效益。

一直以来，重庆市九龙坡区实验幼儿园教育集团秉承"五彩之美"的教育理念，致力于"美"的教育，在美育研究的路上坚持追求创新与发展，不断谋求新的生长点。《文脉传承——传统文化班本课程汇编》一书以主题板块的形式，呈现重庆市九龙坡区实验幼儿园教育集团传统文化班本课程的实践探索。本书是九龙坡区实验幼儿园教育集团立足实际，结合园所文化背景，将中华优秀传统文化融入美育课程的创新性实践成果。

本书前言和后记执笔为宋月；第一章执笔为宋月、向琴、高昕宇、简宇、张娇、罗佳欣；第二章至第八章的主题说明、主题目标和主题内容表执笔为宋月、曾易琼、朱霜、李沁忆、冉黎、陈颖、黄春艳、周恩宇；第二章至第八章的班本课程执笔为向琴、张娇、罗佳欣、朱霜、李沁忆、冉黎、陈颖、戴丽、彭婷、赵璐、杜娟、杨晗、彭桂芳、王玉、孙偲、叶连花、周敏、冉建娇、苏涵曦、徐海岚、郝芳艳、朱小燕、龙荟羽、苟荣誉、周光露、甘芳、程家佳、唐玉婷；全书统稿由宋月、向琴负责。

本书若有不妥之处，敬请指正。

重庆市九龙坡区实验幼儿园教育集团　宋月
2025 年 1 月